Meister plus+++
von Tatjana Pandel

„Carpe diem!" – „Nutze den Tag!"

Tatjana Pandel
MEISTER Plus+++
Ein Praxisratgeber für kleine und mittlere Unternehmen

+ Betriebswirtschaft
+ Zeit- + Büromanagement
+ kundenfreundliche Geschäftsbriefe

*Bibliografische Information der Deutschen Nationalbibliothek:
Die Deutsche Nationalbibliothek verzeichnet diese Publikation in der Deutschen Nationalbibliografie; detaillierte bibliografische Daten sind im Internet über http://dnb.dnb.de abrufbar.*

© 2016 Pandel, Tatjana
2. durchgesehene Wiederauflage

Herstellung und Verlag: BoD – Books on Demand, Norderstedt

ISBN: 978-3-741240515

Inhalt

- Die Autorin 6
- Einleitung / Vorwort 7
- Anmerkung zur Wiederauflagen 8
- 1. Betriebswirtschaft 9
- 1.1. Bedeutung der BWL 10
- 1.2. Grundlagen der BWL 11
- 1.3. Kalkulation 12
- 1.4. Rechnungserstellung + Mahnwesen 15
- 2. Zeit- und Büromanagement 21
- 2.1. Zeit 22
- 2.1.1. Die Gründe 22
- 2.1.2. Was ist Zeit? 24
- 2.1.3. Methoden 30
- 2.1.4. Zeitplanung konkret 37
- 2.1.5. Tipps zur Anwendung 40
- 2.2. Büroorganisation 45
- 2.2.1. Der Schreibtisch – die Werkbank der Verwaltung .. 48
- 2.2.2. Vorstellen von Hilfsmitteln 50
- 2.2.3. Zusammenfassung / Wichtigste Schritte 64
- 3. Geschäftsbriefe kundenfreundlich formuliert 66
- 3.1. Warum neu formulieren? 67
- 3.2. Die äußere Form 67
- 3.3. Die Elemente 68
- 3.4. AIDA… 74
- 3.5. Inhalte + Briefarten 76
- 3.6. CHECKLISTE 80
- 3.7. Beispiele 81
- 3.8. Zum Abschluss etwas zum Schmunzeln ☺ 83
- 4. Nachwort / Bemerkungen 84
- 5. Kontakte + Adressen 85
- 6. Stichwortverzeichnis 86
- 7. Platz für eigene Notizen 90
- 8. Platz für eigene Ideen 91

Die Autorin

Tatjana Pandel
geb. 1973 in Düsseldorf
ist Betriebswirtin d. Handwerks,
Jobcoach und Bildungsbegleiterin

1973 in Düsseldorf geboren, besuchte die Tochter eines Schlossermeisters zunächst das Gymnasium, wo sie 1993 das Abitur machte.

Gemäß einem Zitat von Paul Schnittker:
„Abitur schadet nicht, wenn man etwas Anständiges lernt" wurde sie Fachkauffrau Handwerkswirtschaft, bildete sich anschließend an der Akademie des Handwerks Schloss Raesfeld zur Bürofachwirtin Personal- und Rechnungswesen und zur Betriebswirtin des Handwerks weiter.

Nach mehreren Jahren als Bürofachwirtin und Betriebswirtin in kleinen und mittleren Betrieben, wechselte die überzeugte Ausbilderin in die Jugendberufshilfe.

Es folgten Weiterbildungen im Bereich der Benachteiligtenförderung, der speziellen Lernanforderungen, der Entspannungspädagogik und der betrieblichen Bildung.

Seit vielen Jahren bereitet Tatjana Pandel Auszubildende auf die Abschlussprüfungen und SchülerInnen auf den Übergang zum Beruf vor. Zusätzlich arbeitet sie als Jobcoach mit den Schwerpunkten Aus- + Weiterbildung und Work-Life-Balance und gibt Seminare zu Themen der Unternehmensführung, der betrieblichen und beruflichen Bildung. Individuelle Beratung und Jobcoaching runden das Profil ab.

Einleitung / Vorwort

Warum ein Buch speziell für kleine und mittlere Unternehmen?
Das Führen eines Betriebes wird immer mehr davon abhängig, wie gut das kaufmännische Know – how des Inhabers bzw. Leiters ist.

Gerade in Handwerksbetrieben sieht man, dass das überwiegend hervorragende fachliche Können der Meister - die in der Regel die Betriebsinhaber sind - nicht mehr ausreicht um auch wirtschaftlichen Erfolg zu haben.
Manchmal reichen kleine Tipps um die Wirtschaftlichkeit eines Unternehmens zu verbessern.

Dieses Buch soll als erster Schritt dienen, damit Handwerksmeister und/ oder Betriebsinhaber, die (noch) keine Zeit für ausführliche Seminare haben, ein hilfreiches Werkzeug in der Hand haben.
Ich habe das Buch praxisorientiert angelegt, da es aus der PRAXIS für die PRAXIS gedacht ist.

Tatjana Pandel
Betriebswirtin des Handwerks

Anmerkung zur Wiederauflage

Immer wieder wurde ich gefragt, ob es die Zusammenfassung meiner Kurse nicht als Buch gäbe.
Andere fragten nach, ob das 2003 erschienene Buch nicht wieder aufgelegt werden könne…

… diesem Wunsch komme ich nun gerne nach und biete diese durchgesehene (nicht überarbeitete) Wiederauflage für meine Kursteilnehmer und andere Interessierte an.

Herzlichen Dank
für Ihr anhaltendes Interesse
Tatjana Pandel

1. Betriebswirtschaft

Bedeutung der BWL
Grundlagen der BWL
Kalkulation
Rechnungserstellung + Mahnwesen

1.1. *Bedeutung der BWL*

Der Mensch hat Bedürfnisse, die er mit den ihm zur Verfügung stehenden Mitteln befriedigen will.
Da Bedürfnisse unbegrenzt sind, die Mittel in der Regel jedoch begrenzt sind, muss der Mensch wirtschaften.
Dies ist die Grundlage jeder wirtschaftlichen und demnach auch jeder betriebswirtschaftlichen Betrachtung.

In der Betriebswirtschaft beschäftigt man sich unter anderem damit, wie man die vorhandenen Ressourcen am besten einsetzt um den höchstmöglichen Gewinn zu erzielen.
Aufgrund des enger werdenden Marktes und der Wandlung hin zu einem Verdrängungsmarkt, ist es besonders für kleine und mittlere Unternehmen wichtig, das Vorhandene bestmöglich einzusetzen.

Ziel des Buches
Ziel des Buches ist es Ihnen Anregungen und Hilfestellungen zu geben, wie Sie mit kleinen Veränderungen die Effektivität, Produktivität und Rentabilität Ihres Unternehmens wirkungsvoll verbessern können.

Für jeden Unternehmer ist es unabdingbar sich die Grundlagen des Wirtschaftens immer wieder vor Augen zu halten. Aus diesem Grund schließt nun eine kurze Einheit zur Wiederholung an.

1.2. Grundlagen der BWL

Die Unbegrenztheit der Bedürfnisse im Gegensatz zu der Begrenztheit der Mittel und Güter erfordert wirtschaftliches Handel.

Das führt dazu, dass nahezu alle Verbraucher nach dem Rationalprinzip handeln und handeln müssen.
Dieses gibt es in zwei Ausrichtungen:

Erzielung des größtmöglichen Erfolges mit einem bestimmten Einsatz an Mitteln	Für 10.000 € eine möglichst perfekte und vielseitige Tischkreissäge erwerben
Erzielung eines bestimmten Erfolges mit einem möglichst geringen Einsatz an Mitteln	Die Tischkreissäge XY zum niedrigsten Preis erwerben.

Jeder Betrieb ist eine Zelle der Gesamtwirtschaft, die durch die Kombination von Produktionsfaktoren zur volkswirtschaftlichen Leistung (Sozialprodukt) beiträgt.[1]

Ziel erwerbswirtschaftlicher Betriebe ist die Gewinnmaximierung.

Preise entstehen durch das Zusammentreffen von Angebot und Nachfrage auf dem Markt.

Grundsätzlich gelten folgende Regeln:
Viele Nachfrager bei geringem Angebot führen zu einem hohen Preis des Gutes.
Wenige Nachfrager bei einem großen Angebot führen zu einem niedrigen Preis für das Gut.

---

[1] Hubertus Kost, Betriebs- und volkswirtschaftliche Grundlagen

Im Laufe der Zeit bildet sich im Allgemeinen ein Gleichgewichtspreis, der Preis bei dem sich Angebot und Nachfrage die Waage halten.
Andererseits ist der Preis auch immer abhängig von den Kosten die die Herstellung und der Verkauf der Ware verursachen. Dies ist ein entscheidender Punkt für Unternehmer! An dieser Stelle werden viele vermeidbare Fehler gemacht.
Setzen Sie einen Schwerpunkt auf den Bereich der Kostenrechnung.

1.3. Kalkulation

Die Aufgaben der Kostenrechnung gliedern sich in drei Hauptbereiche:

1. Feststellung der vollen Kosten eines Produktes
   Hier berechnen Sie Ihre **Selbstkosten**. Dazu gehören alle Kosten die das Produkt verursacht bis es verkaufsbereit ist.
   Dabei ist es äußerst wichtig, dass Sie Ihre Kosten genau kennen und den jeweiligen Abteilungen und/ oder Produkten zuordnen können.
   (Eine gut organisierte Buchhaltung ist wichtig!)

2. Festlegung der Preisuntergrenze
   Hier berechnen Sie die absolute Preisuntergrenze, zu dem Sie das Produkt verkaufen können. In der Regel entspricht dies dem Selbstkostenpreis.
   Diese Rechnung wird **Deckungsbeitragsrechnung** genannt.

   In besonderen Fällen kann es nötig sein, das Produkt zu einem extrem niedrigen Preis anzubieten, es darf jedoch nicht die Regel werden, da Ihr Ziel die Gewinnmaximierung ist.

3. Angebotspreisermittlung

Im Prinzip ist das Ergebnis der Kalkulation auch der Angebotspreis. Es gibt jedoch Situationen in denen die Kalkulation nur eine Kontrollfunktion darstellt – und zwar bei einem vorhandenen Marktpreis!
Über den Marktpreis kann ein Unternehmer in diesem engen Markt in der Regel nicht gehen, da er sonst keinen Absatz haben wird.
Unter dem Marktpreis anbieten ist wirtschaftlich betrachtet nur dann klug, wenn daraus ein erheblicher Wettbewerbsvorteil entsteht und das Preisniveau nicht gänzlich sinkt.
Bei einem guten Marktpreis bietet man zu diesem an, um den maximalen Gewinn zu erzielen!

Hier ein Beispiel für ein Kalkulationsschema

MATERIALEINZELOSTEN
+ MATERIALGEMEINKOSTEN (% auf Material-Einzelkosten)
+ FERTIGUNGSEINZELKOSTEN (Lohn)
+ FERTIGUNGSGEMEINKOSTEN (% auf Fertigungseinzelk.)
+ SONDEREINZELKOSTEN

= *HERSTELLKOSTEN*

+ VERWALTUNGS- u. VERTRIEBSKOSTEN

= *SELBSTKOSTEN*

Materialzuschlagssatz = $\dfrac{\text{Materialgemeinkosten} \times 100}{\text{Materialeinzelkosten}}$

Fertigungszuschlagsatz = $\dfrac{\text{Fertigungsgemeinkosten} \times 100}{\text{Fertigungseinzelkosten}}$

Selbstkosten
+ Wagnis + kalkulatorische Zinsen (auf das eingesetzte Eigenkapital) + kalkulatorischer Unternehmerlohn (vgl. angestellter Meister)
Zielangebotspreis
+ Kundenskonto + Kundenrabatt
Nettoangebotspreis
+ Mehrwertsteuer
Bruttoangebotspreis

Haben Sie alle Kosten erfasst? Haben Sie alle Aufwendungen mitberechnet?
Hier eine Liste mit oft vergessenen Kosten in einem Unternehmen.

- ☐ Kalkulatorischer Unternehmerlohn
- ☐ Kalkulatorische Zinsen
- ☐ Kalkulatorische Abschreibung
- ☐ Kalkulatorische Miete
- ☐ Wagnis
- ☐ Chefprämie
- ☐ Sondereinzelkosten

Gemeinkosten:
- ☐ Lagerkosten
- ☐ Versicherungen (z.B. Sondereinzelkosten Transportversicherung)
- ☐ Lohnnebenkosten
- ☐ Berufsgenossenschaftsbeiträge
- ☐ Hilfs- + Betriebsstoffe
- ☐ Betriebliche Steuern, Gebühren + Abgaben
- ☐ Bürokosten = Verwaltungskosten
- ☐ Werbe-, Reise- und Repräsentationskosten

Je nach der Situation Ihres Betriebes können noch einige besondere Kosten hinzukommen.

Denken sie immer daran:

<u>Alle</u> Kosten Ihres Betriebes müssen Sie über die Preise erwirtschaften und der Gewinn ist Ihr Lohn!

1.4. *Rechnungserstellung + Mahnwesen*

Von vielen Betriebsinhabern oft als ein notwendiges Übel angesehen, ist die Rechnungsstellung fast das Wichtigste was Sie neben der guten Arbeit erledigen müssen. Was nutzten Ihnen volle Auftragsbücher, wenn Sie das Geld nicht erhalten? Nur von einem guten Ruf kann ein Unternehmen nicht leben!

Die Situation

Deutschland - Euroland, aber gezahlt wird nicht. Oder erst sehr spät.[2] Die Zahlungsmoral in Deutschland ist schlecht, anders kann man den Zustand nicht nennen.
Während das durchschnittliche, vereinbarte Zahlungsziel bei rund 14 Tagen liegt ist die durchschnittliche Anzahl der Tage bis zum tatsächlichen Geldeingang bei ca. 60 Tagen.
Wenn man dann auch noch berücksichtigt, dass das Gesetz bereits nach einer Frist von 30 Tagen den Schuldner als „in Verzug" gesetzt ansieht, so ist es eine erschreckende Zahl.

---

[2] Capital 11.03.2003

Die Gründe

Die Gründe hierfür sind vielfältig. Sie beginnen bei der schlechten Zahlungsmoral und enden mit zu spät erstellten Rechnungen.
Das bedeutet, dass es mehrere Einflussgrößen gibt. Diese können in unterschiedlicher Weise verändert werden, die einen direkt, die anderen indirekt.
Egal aus welchem Grund auch immer ihre Außenstände später als gewollt eingelöst werden, die Folgen sind die gleichen:
- schlechtere Liquidität
- höhere Gefahr von Forderungsausfällen
- Insolvenz / Konkurs

Jeder Tag den Sie später über Ihr Geld verfügen können kostet sie wertvolle Liquidität und Geld. Diese Kosten müssen Sie wiederum bei den Preisen hinzurechnen, was die Gefahr birgt, dass Sie nicht mehr konkurrenzfähig sind.

Beispiel:
Eine Rechnung (1500€) wurde 10 Tage verspätet bezahlt. In dieser Zeit hätten Sie das Geld für 3% anlegen können.

Rechnung: $\frac{1500 \text{ Euro} \times 3\% \times 10 \text{ Tage}}{100 \times 360 \text{ Tage}} = 1{,}25$ Euro

Sie würden einen Verlust von 1,25 Euro machen.
Verheerender sieht es aus, wenn Sie durch die verspätete Zahlung Ihren Kontokorrent in Anspruch nehmen müssen.

Beispiel:
Eine Rechnung (1500€) wurde 10 Tage verspätet bezahlt. Ihr Kontokorrent wird mit 12% Zinsen berechnet.

Rechnung = $\frac{1500 \text{ Euro} \times 12\% \times 10 \text{ Tage}}{100 \times 360} = 5$ Euro

Gegebenenfalls geraten Sie sogar selber in Zahlungsschwierigkeiten, weil Sie Ihren Zahlungsverpflichtungen nicht mehr nachkommen können!

Ein anderer wichtiger Punkt ist, dass die Wahrscheinlichkeit eines Forderungsausfalls mit jedem Tag steigt.

1. **Fakturieren Sie möglichst zeitnah,**
    das spart Kosten und dämmt die Gefahr des Ausfalls etwas ein. Desto kürzer die Zeit bis zur Rechnungsstellung ist, desto weniger Tage müssen Sie finanzieren.
    Hinzu kommt, dass ein Mensch der etwas Neues hat „lieber" zahlt. Hier überwiegt die Freude über die Erfüllung eines Wunsches / Bedürfnisses noch.

2. **Vereinbaren Sie Teilzahlungen**
    Besonders lohn- und materialintensive Aufträge, reißen bei einem Zahlungsausfall große Lücken. Sorgen Sie vor, indem Sie Voraus- oder Teilzahlungen vereinbaren. So müssen Sie kürzere Zeit vorfinanzieren, haben einen Liquiditätsgewinn und das Ausfallrisiko gemindert.

3. **Gewähren Sie nur kurze Zahlungsziele**
    Reduzieren Sie Ihre Zahlungsziele, um weniger Zins- und Liquiditätsverluste zu haben.

    Beispiel:
    Sie müssen Ihren Kontokorrent mit 12% bis zur Bezahlung der Rechnung von 10.000€ nutzen

    a) für 30 Tage $\dfrac{10.000 \times 12 \times 30}{100 \times 360}$ = 100,00€

    b) für 14 Tage $\dfrac{10.000 \times 12 \times 14}{100 \times 360}$ = 46,67€

Animieren Sie Ihre Kunden zum Beispiel mit Skonti die Rechnung zeitig zu begleichen.

Bedenken Sie, dass ein Kunde sich über die Erfüllung eines Wunsches freut und durch die positive Stimmung eher zur Zahlung zu bewegen ist.

4. **Erteilen Sie Ihren Kundendienstmitarbeitern ein Inkassorecht**

   Der eben genannte Aspekt ist auch ein Argument dafür, dass Sie Ihren Kundendienstmitarbeitern Inkassovollmacht erteilen. Die Mitarbeiter sind vor Ort und haben gute Arbeit geleistet. Der Kunde wird dann keinen Grund haben nicht zu zahlen!

   Hierbei ist natürlich zu beachten, dass der Kunde im Vorfeld über die Höhe der Kosten und die sofortige Fälligkeit informiert wird. Akzeptieren Sie neben Bargeld auch Schecks, das vereinfacht das Verfahren. Entwickeln Sie einen Abrechnungsbogen, der wenig Schreibarbeit erfordert und trotzdem übersichtlich ist. Eine Sicherheit für Kunden, Mitarbeiter und Sie selber.

5. **Erinnern Sie den Schuldner rechtzeitig**

   Wenn es dann doch zu verspäteten Zahlungen kommt, erinnern Sie Ihre Kunden rechtzeitig! Verschwenden Sie keine Zeit! Sie brauchen ja nicht direkt mit juristischen Schritten drohen. Manchmal haben Kunden die Zahlung wirklich nur vergessen oder die Rechnung verbummelt.

6. Seien Sie konsequent
Kontrollieren sie kontinuierlich, in regelmäßigen Abständen Ihre Außenstände. Führen Sie dann immer entsprechende Maßnahmen durch.
Sie werden erhebliche Verbesserungen erreichen.
Überprüfen Sie das Verhältnis der Außenstände zu der Summe der fälligen Rechnungen.

$$\frac{\text{Summe der Außenstände}}{\text{Summe der fälligen Rechnungen}}.$$

Vergleichen Sie Ihre Verluste durch säumige Zahler heute und in 6 Monaten.

Der Erfolg ist bei den meisten Menschen einfach das Ergebnis von Konsequenz![3]

---

[3] Buddha

2. Zeit- und Büromanagement

Grundlagen
Zeit- und Büroorganisation

2.1. *Zeit*

**Nie zuvor hatten wir so wenig Zeit
– um so viel zu tun.**
(Franklin Delano Roosevelt 1882 – 1945, 32. Präsident der USA)

2.1.1. Die Gründe

Die Anforderungen an Betriebsinhaber, Führungskräfte und alle Menschen einer Gesellschaft steigen mit der rasanten Entwicklung der Technik und der Medien immer weiter an.
Der Markt hat sich in den letzen Jahren stark verändert - und hierauf muss man als umsichtiger, zukunftsorientierter Unternehmer schnellstmöglich eingehen. Der Wettbewerb ist härter, der Markt ist ein Käufermarkt und die Produktlebenszyklen werden auch immer kürzer.

Als Unternehmer muss man in kürzester Zeit viel mehr erledigen um das gleiche Ergebnis wie vor einigen Jahren zu erzielen.
Da somit die Zeiträume die man zur Verfügung hat knapper werden, wird oft „auf dem kurzen Weg" entschieden. Es wird nicht mehr gründlich genug geplant.
„Da habe ich keine Zeit zu", Prioritäten werden nicht oder nur unzureichend gesetzt und die Kontrolle kommt oft zu spät.

**„Die meiste Zeit geht dadurch verloren,
dass man nicht zu Ende denkt."[4]**

Hierzu möchte ich Ihnen eine kleine Geschichte erzählen:

---

[2] Alfred Herrhausen (1930 – 1989), deutscher Bankier

> „Ein Spaziergänger geht durch einen Wald und begegnet einem Waldarbeiter. Dieser ist gerade damit beschäftigt, einen bereits gefällten Baum hastig und mühselig in kleinere Teile zu zersägen
> Der Spaziergänger tritt heran um zu sehen warum der Holzfäller sich so abmüht und sagt: Entschuldigen Sie, mir ist aufgefallen, dass sie mit einer total stumpfen Säge arbeiten. Wollen Sie sie nicht mal schärfen?
> Darauf stöhnt der Waldarbeiter erschöpft auf: Dafür habe ich keine Zeit – ich muss sägen!

Die Folgen

Die Folgen dieser Veränderungen sind zunächst kaum sichtbar.
„Ein, zwei Überstunden muss man als Unternehmer halt einplanen!"
Aus diesen ein zwei Stunden werden schnell 1 – 2 Stunden pro Woche, dann pro Tag und irgendwann ist man fast nur noch im Betrieb.
„Die Familie muss das doch verstehen, für wen mache ich das denn sonst!?"

Sicherlich gibt es Phasen in denen Mehrarbeit notwendig ist, auch das fordert der Markt, jedoch sollten es Ausnahmen und nicht die Regel sein.
Was haben Sie vom betrieblichen Erfolg, wenn Sie Ihn mit niemandem teilen können?
Ein besonders gravierender Fehler ist es, die Planung zu vernachlässigen.
Wer plant macht Fehler – wer nicht plant merkt sie erst zu spät.
Und genau hier ist der entscheidende Punkt. Wer nicht plant verschwendet viel Zeit für Nacharbeiten, Korrekturen und für umständliche und somit zeitintensive Produktionsverfahren.
Besonders in der heutigen Wirtschaft ist Zeit immer gleichzusetzen mit Geld. Da die Kosten für Kapital und

besonders für den Produktionsfaktor Mensch stetig steigen, ist es unabdingbar, dass an dieser Stelle die vorhandenen Ressourcen optimal genutzt werden.

Ein Handwerker, der beispielsweise zum Festpreis eine Leistung erbringen soll, verliert mit jeder Minute, die er länger braucht, einen Teil seines Gewinns!
Je besser die Zeit ausgenutzt wird, desto effektiver gearbeitet wird umso höher ist der Erfolg.

Ziel des Abschnittes

Ziel dieses Abschnittes soll sein, Ihnen eine erste Idee eines sinnvollen Zeitmanagements an die Hand zu geben. Step 1 – der erste Schritt zu einer besseren Zeitwirtschaft für Sie persönlich.
Ich möchte Ihnen eine Praxishilfe zeigen, mit der Sie die ersten kleinen – aber effektiven – Verbesserungen planen und sofort in Ihrem Betrieb umsetzen können.
„Zeitmanagement bedeutet, die eigene Arbeit und Zeit zu beherrschen, statt sich von ihr beherrschen zu lassen."[5]

2.1.2. Was ist Zeit?

- Zeit ist ein wertvolles Gut
- Zeit ist ein knappes Gut
- Zeit ist nicht käuflich
- Zeit kann nicht gelagert werden oder gespart
- Zeit kann nicht vermehrt werden
- Zeit verrinnt kontinuierlich und unwiderruflich
- Zeit ist Leben

„Das ist das ganze Geheimnis des Lebens – TIMING"[6]

---

[5] Lothar J. Seiwert "30 Minuten für optimales Zeitmanagement"

Wofür geht Ihre Zeit „drauf"?

Damit Sie Ihre Zeit besser nutzen können ist es notwendig, dass Sie sich bewusst werden, warum Ihre Zeit scheinbar nicht ausreicht.
Oft sind es eher kleine Dinge die die vorhandene Zeit – und die Iren behaupten es gäbe genug davon – auffressen.
Wenn sich nun aber viele kleine Dinge ansammeln haben sie trotzdem einen großen Effekt.

Schütten Sie doch mal ein Paket Trockenerbsen in ein Glas – sie werden hören wie viel Effekt kleine Dinge haben, wenn sie in großer Menge auftreten.

Sinnvoll ist es, wenn man seinen Alltag nach solchen kleinen Dingen (Erbsen) durchsucht. Denn nur wer weiß wo die Ursache liegt, kann entsprechend darauf reagieren.

Aufgabe:
Schreiben Sie auf für welche Tätigkeiten Sie Ihrer Meinung nach zu viel Zeit verwenden.
Wer oder was stiehlt Ihnen die Zeit?

_____

_____

_____

_____

_____

---

[6] Lee Iacocca (*1924), amerik. Topmanager 1979-1992
Vorstandsvorsitzender Chrysler Corp.

Meist ist demjenigen der mit der Zeit nicht auskommt gar nicht bewusst, was seine persönlichen Zeitfresser sind.
Um Zeit effektiv nutzen zu können, müssen Sie die „Zeitdiebe" kennen.

In der folgenden Checkliste sind einige Thesen zu diesem Thema aufgestellt. Bewerten Sie die einzelnen Aussagen im Bezug auf ihr persönliches Arbeitsverhalten
Finden Sie Ihre persönlichen Zeitdiebe!

Checkliste : Fassen Sie Ihre Zeitdiebe!

Die aufgeführten Situationen des Arbeitsalltags sollen Ihnen helfen, ihre „Störenfriede" genauer zu identifizieren. Kreuzen Sie für sich selber nach folgendem Schema an:
0 = Stimmt so gut wie immer
1 = Stimmt häufig
2 = Stimmt manchmal
3 = Stimmt so gut wie nie

Das Telefon stört mich laufend und die Gespräche sind meist unnötig lang.	0	1	2	3
Durch die vielen Besucher von Extern oder Intern komme ich nicht zu meiner eigentlichen Arbeit.	0	1	2	3
Besprechungen dauern mir oft zu lange und erscheinen mir vom Ergebnis her unbefriedigend.	0	1	2	3
Große, zeitintensive Aufgaben schiebe ich meist vor mir her, oder habe Schwierigkeiten sie zu Ende zuführen, da ich nie zur Ruhe komme.	0	1	2	3
Ich versuche oft zu viele Aufgaben auf einmal zu erledigen. Ich befasse mich zu oft mit Kleinkram statt mich wichtigen Dingen widmen zu können.	0	1	2	3
Meine Termine und Fristen halte ich oft nur unter Termindruck ein, da dauernd etwas Unvorhergesehenes dazwischen kommt.	0	1	2	3
Ich habe ständig einen vollen Schreibtisch. Darunter leidet die Übersichtlichkeit.	0	1	2	3
Informationen werden bei uns oft verspätet weitergegeben, Missverständnisse und Reibereien sind deshalb an der Tagesordnung.	0	1	2	3
Ich muss Dinge erledigen die viel Zeit kosten und eigentlich von anderen erledigt werden könnten. Ich weiß aber nicht welche genau und wer sie gut machen kann.	0	1	2	3
Das Nein – Sagen fällt mir schwer, wenn andere mich um etwas bitten.	0	1	2	3
Ich habe mir keine konkreten Ziele gesetzt. Das Setzen von Zielen fällt mir schwer.	0	1	2	3
Manchmal fehlt mir die nötige Selbstdisziplin.	0	1	2	3

Vergleichen Sie anschließend Ihre ersten Überlegungen mit den genannten Situationen – Sie werden staunen. Es sind im Allgemeinen nicht die „üblichen Verdächtigen" die die Ursache des Zeitmangels darstellen.

Wofür möchten Sie mehr Zeit haben?

Da Sie das Buch gekauft haben um sich unter anderem mit dem Thema Zeitmanagement auseinanderzusetzen muss es dafür mindestens einen wichtigen Grund geben.

Diese Gründe sind oft Motivation und Ziel zugleich. Welche Gründe sind / welcher Grund ist das?

_____

_____

_____

Ziele setzen: Was will ich erreichen?

Damit Sie mit Ihrer Zeit sinnvoll umgehen können, müssen Sie wissen wofür Sie die vorhandene Zeit einsetzen möchten und wie viel Zeit Ihnen definitiv zur Verfügung steht.
Ziele setzten ist der erste Schritt zu einem erfolgreichen Zeitmanagement.
Sie kennen Zielsetzungen sicherlich aus dem Alltag ihres Unternehmens. Sie legen fest wann welcher Auftrag fertig sein soll, wie viel Material verwendet werden darf und formulieren sicherlich zu Beginn des Jahres Unternehmensziele.
Nur wer seine Ziele formuliert hat und diese immer im Auge behält, kann im Alltag die jeweils richtigen Entscheidungen treffen und somit zur Erreichung des Zieles beitragen.

Positive Zielformulierung

Alle diese Formen von Zielformulierung haben gemeinsam, dass sie
- positiv formuliert sein müssen
- realistisch sein müssen
- messbar sein müssen
- und in einer festgelegten Zeit erreicht werden müssen

Sie sollten das gewünschte Ergebnis in schriftlicher Form fixieren. Das hat den psychologischen Effekt der Selbstdisziplin. Dies bedeutet, dass Sie sich sehr konkrete Gedanken über ihre Ziele machen müssen, bevor Sie sie aufschreiben.

Beispiel: Ich möchte bis Ende des Jahres meine Zeitplanung so gestaltet haben, dass ich freitags schon um 13.00 Uhr den Betrieb verlassen kann um mit meiner Familie ins Wochenendhaus zu fahren.

„Ziele dienen der Konzentration der Kräfte auf den eigentlichen Schwerpunkt"[7]

---

[7] Lothar J. Seiwert "30 Minuten für optimales Zeitmanagement"

2.1.3. Methoden

Um diesen Vorsatz in die Tat umsetzen zu können, gibt es verschiedene Ansätze und Methoden, von denen ich hier zwei vorstellen möchte.
Ich habe diese beiden Versionen ausgewählt, da ich sie persönlich als sehr interessante Vorgehensweisen bei der Zielsetzung ansehe.

Descartes – Methode

Die Descartes – Methode geht auf den Universalwissenschaftler René Descartes zurück. Er lebte 1596 – 1650 in Frankreich und formulierte 1637 diese Grundprinzipien für die Planung der Zielerreichung.
Descartes forderte klare und distinkte (deutliche) Vorstellungen und das Zurückgehen auf die einfachsten Einsichten.
Der Satz „Ich denke, also bin ich." (Cogito, ergo sum.) geht auf ihn zurück.
Wie vorhin bereits erwähnt, ist es bei der Zeitplanung sehr wichtig zu Ende zu denken.

Descartes hat folgende Grundprinzipien aufgestellt:

1. Formulieren Sie das Ziel schriftlich
2. Zerlegen Sie die Gesamtaufgabe in kleine Teile
3. Ordnen Sie die Teilaufgaben nach Prioritäten und Terminen
4. Erledigen Sie alle Aktivitäten und kontrollieren Sie das Ergebnis

Dieses Vorgehen hat einige Vorteile. Sie haben einen Überblick. Auch ist es wesentlich leichter kleine (Teil) Aufgaben zu erledigen als große.
Falls ein Ziel nicht wie gewünscht erreicht wird, kann man bei leichter und frühzeitig intervenieren. So bleiben Sie mit kleinen Korrekturen immer auf dem richtigen Kurs.

Hinzu kommt der psychologische Effekt, dass man sich über jeden Teilerfolg freuen kann und somit motiviert an die weiteren Aufgaben herangeht.
Wichtig ist, dass Sie die Aufgaben analysieren und realistisch beurteilen!

Pareto – Prinzip

Vilfredo Pareto (1848 – 1923) war ein italienischer Nationalökonom und Soziologe.
Er hat eine Theorie über das Verhältnis von Aufwand zu Ertrag erstellt, die 80:20 Regel – also das Pareto-Prinzip. Dieses besagt, dass oft mit 20 % des Aufwandes 80 % des Ertrages erwirtschaftet wird.
Dies ist einigen vielleicht aus dem Bereich der Lagerwirtschaft oder der ABC – Kundenanalyse bekannt.

Die 80 : 20-Regel (Pareto-Prinzip)

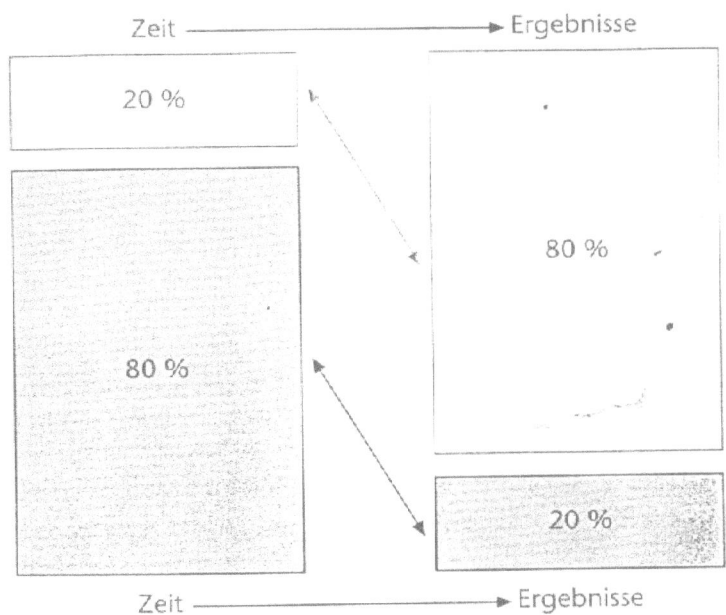

Man sagt z.B., dass 20 % der Kunden 80% des Umsatzes bringen, oder dass 20 % der Fehler 80 % des Ausschusses verursachen.
Positiv formuliert kann man sagen, dass 20% sinnvoll und richtig eingesetzte Zeit bereits 80 % der Arbeit erledigen.
Das ist Effizienz!

Da Ihre Zeit sei wahrscheinlich oft knapp ist, ist jetzt zu überlegen, wie die Zeit richtig eingesetzt werden kann um den 80%tigen Erfolg zu erzielen.
Filtern Sie Ihre Aufgaben!

Es gibt verschiedene Methoden, sich ein Bild über die eigenen Aufgaben zu machen.
Zum einen kann man sich einfach eine Liste machen in der man alle Aufgaben hintereinander aufzählt. Etwas übersichtlicher ist dann schon eine Tabelle, die man in verschiedene Hauptthemen teilt und dazu dann entsprechende Aufgaben aufschreibt.
Vom Prinzip ähnlich wie eine Tabelle, nur wesentlich flexibler und erweiterbarer ist die so genannte
Mind – Map - Methode.

Mind – Map – wörtlich übersetzt: Gehirnlandkarte – ist eine ganzheitliche Methode zur Aktivierung beider Gehirnhälften. Hierbei wird die für Logik, Fakten und Analysen zuständige linke Gehirnhälfte und die für Emotionen und Bilder zuständige rechte Gehirnhälfte sozusagen zur Kooperation animiert.

Somit lassen sich Ideen und Gedanken systematisch zu einem gesamten Bild zusammenfassen. Dies können Sie sich für die Planung Ihrer Zeit zunutze machen. Sie erstellen eine Karte aller Ihrer Aufgabenbereiche und Aufgaben. Visualisieren Sie Ihren Zeitbedarf!

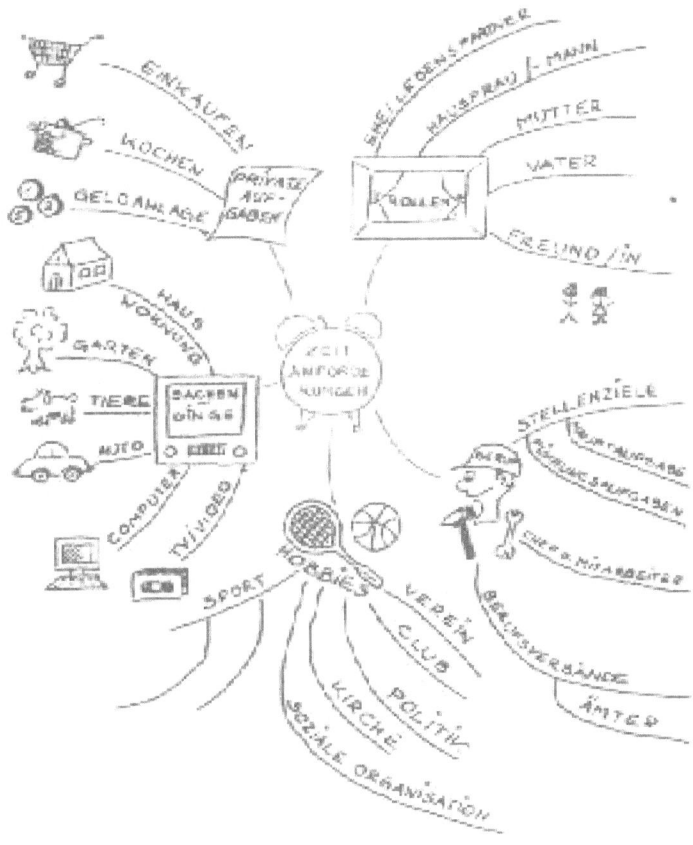

So gehen Sie vor:
- Skizzieren Sie in einer Mind-Map die Hauptgebiete ihres Lebens, für die Sie Zeit benötigen
- Ergänzen Sie diese mit konkreten Aufgaben
- Markieren Sie zeitliche Schwerpunkte farbig
- Markieren Sie nun, welche Bereiche Sie gerne ändern möchten. Welche Bereiche / Aufgaben nehmen Ihnen zu viel Zeit in Anspruch?

Damit haben Sie bereits den ersten Schritt eines konkreten Zeitmanagements geschafft. Sie sind sich darüber bewusst geworden, wofür Sie Ihre Zeit verwenden.

Der zweite wichtige Schritt ist nun das „Prioritäten setzen". Prioritäten setzen heißt, sich auf die wichtigsten Dinge zu konzentrieren. Für uns heißt das unter anderem: Die Arbeiten erledigen mit denen man den größten Erfolg erzielen kann. Sie haben das Pareto-Prinzip bereits kennen gelernt. Ziel ist es also, die richtigen 20 % Arbeit herauszufinden mit denen Sie 80 % Erfolg haben!

**„Prioritäten setzen heißt auswählen,
was liegen bleiben soll."**[8]

Wenn Sie sich an eine vernünftige Prioritätenliste halten, werden sie spürbare Erfolge verbuchen.

- Termine werden eingehalten
- Arbeitsergebnisse werden besser
- Arbeitstage werden befriedigender
- Konflikte werden vermieden
- Sie werden mit sich zufriedener
- Sie vermeiden Stress
- das Arbeitsklima wird sich verbessern
- Sie haben Zeit für sich, ihre Familie und Freunde!

Ein probates Mittel hierfür ist die ABC – Analyse.
Einige werden diese Methode aus der Kundenanalyse oder Materialwirtschaft kennen.
Die ABC – Analyse ist eine Wertanalyse. Hierbei geht es um die Einteilung der Aufgaben in drei Gruppen.
Je nach Wichtigkeit / Rangfolge.

---

[8] Helmar Nahr (*1931) deutscher Mathematiker + Wirtschaftswissenschaftler

A – Aufgaben
sind die wichtigsten Aufgaben, sie haben höchste Dringlichkeitsstufe und können im Allgemeinen nicht delegiert werden.

B –Aufgaben
sind wichtig, können jedoch zum Teil delegiert werden oder etwas später erledigt werden.

C – Aufgaben
sind nicht so wichtig. Wenn es möglich ist, sollte man diese an jemanden delegieren.
Diese Aufgaben sind notwendig, aber für den Erfolg nicht so ausschlaggebend. Sie nehmen jedoch einen erheblichen Anteil der Zeit in Anspruch.

Wenn Sie diese Methode im Alltag einsetzen sollten Sie folgende Tipps beachten:

- nur 1 – 2 A - Aufgaben pro Tag einplanen
  (bei insgesamt ca. 3 Std. Zeitanspruch)
- 1– 3 B – Aufgaben einplanen (je ca. 30 min)
- restliches Zeitkontingent mit C – Aufgaben füllen

Verplanen Sie aber nur ca. 60 % Ihrer Zeit. Sie sollten immer genug „Pufferzeit" für Unvorhergesehenes haben, damit Sie in Ruhe, konzentriert und somit effektiv arbeiten können!

Wie Sie Arbeitsstörungen vermindern bzw. vermeiden können ist ein wichtiges Thema, das zu besprechen aber den hiesigen Rahmen sprengen würde. Damit sollten Sie sich etwas ausführlicher auseinandersetzen, da auch hier sehr individuelle Lösungsmuster möglich sind.

Nun haben Sie die ABC – Analyse kennen gelernt, darum können wir nun noch eine gute Ergänzung betrachten:

Das Eisenhower – Prinzip.
Dwight D. Eisenhower (1890 – 1969) hat ein Entscheidungsraster entwickelt, das die ABC – Analyse sehr gut ergänzt.
Eisenhower hat eine Art Port – Folio für Aufgaben erstellt, das ich Ihnen hier kurz vorstellen möchte.
Es sagt wie Sie mit den A, B, C – Aufgaben sinnvoll verfahren können:

W I C H T I G K E I T	B – Aufgaben terminieren	A – Aufgaben sofort erledigen
	Papierkorb	C – Aufgaben delegieren reduzieren eliminieren
	D R I N G L I C H K E I T	

Nun haben Sie einige Methoden kennen gelernt wie man zu einer sinnvollen Zeitplanung kommen kann. Sie haben Ihr „Basis – Handwerkszeug".
Im nächsten Teil können Sie dieses anwenden.

Sie wissen
- welche Aufgaben Sie haben
- wer Ihre Zeitdiebe sind
- was Ihre Ziele sind
- was Ihre Prioritäten sind
- welche Aufgaben wie wichtig sind
- was Sie mit den Aufgaben tun werden

Was Ihnen noch fehlt ist ein konkreter Plan in dem Sie festlegen, wann Sie was erledigen. Zu diesem Punkt kommen wir jetzt.

2.1.4. Zeitplanung konkret

Wann erledige ich was? Wie behalte ich den Überblick über alle meine Aufgaben? Es sind schließlich so viele – am Tag, in der Woche, im Jahr!
Eine gute Lösung sind entsprechende Pläne – wenn sie vernünftig gestaltet sind.
Wir haben uns bisher mit der Vorbereitung der Planung beschäftigt, damit sie ohne Probleme sinnvolle, effektive Zeitpläne erstellen können.
Halten Sie sich immer vor Augen, dass man oft mit 8 Minuten Planung pro Tag 1 Stunde Zeit für sich gewinnen kann!

Es ist gut den entworfenen Zeitplan schriftlich zu fixieren. Dies hat den Effekt, dass man die Übersicht behält und den Kopf für wichtige Dinge frei hat. Wir erinnern uns an die Bedeutung der Prioritäten.

Ein Tagesplan kann auch als Motivator dienen. Und zwar in dem Moment in dem Sie Ihre Aufgaben erledigt haben und sie im wahrsten Sinne des Wortes „abhaken" können!

Wie geht man bei der Erstellung vor?

<u>Prinzip : ALPEN – Methode</u>

Zum Erstellen eines Planes hat sich die ALPEN – Methode bewährt. Sie kann sowohl für den Tages, den Monats- als auch den Jahresplan benutzt werden.

Für Neulinge auf dem Gebiet der Zeitplanung ist es sinnvoll mit der Planung eines Tages zu beginnen. Gemäß der Richtlinie sich große Ziele in Teilziele zu zerlegen und sich nie zuviel auf einmal zuzumuten!

Bei der ALPEN – Methode geht man folgendermaßen vor:

A ufgaben festlegen

L änge (Dauer) schätzen

P ufferzeit reservieren

E ntscheidungen treffen

N achkontrolle

A Aufgaben, Aktivitäten und Termine aufschreiben
Hierbei müssen wirklich alle Aufgaben aufgeführt sein. Die immer wiederkehrenden, die für den Tag terminierten und auch die vom Vortag übertragenen.
Vergessen Sie nicht, dass auch Telefonate wichtige Aufgaben darstellen, die vorbereitet und in Ruhe geführt werden wollen. Ihr Gesprächspartner wird es Ihnen danken. Sie selber werden ebenfalls mehr Effizienz verbuchen können.

L Die Länge zu schätzen ist besonders zu Beginn der Zeitplanung schwierig, da oft die persönlichen Erfahrungswerte fehlen. Hinzu kommt, dass jeder Mensch ein unterschiedliches Zeitempfinden hat. Zu Beobachten ist aber, dass Tätigkeiten mit hohem Erlebnisgehalt als wesentlich länger empfunden werden, als Tätigkeiten mit niedrigem Erlebnisgehalt.
Das Rüsten einer Maschine wird z.B. in der Regel als viel länger empfunden, als die Wartephasen während eines Fertigungsprozesses.

Setzten Sie sich ein nicht zu knappes, aber auch nicht zu großzügiges Zeitlimit für jede Aufgabe. Es gibt die Erkenntnis, „dass für eine Arbeit oft so viel Zeit benötigt wird, wie Zeit zur Verfügung steht"[9]. Wenn wir uns an unsere Limits halten, haben wir schon wieder einen Zeitdieb gefasst.

Setzen Sie sich ein Limit, das entspricht einer Zielsetzung – dann arbeiten Sie konzentrierter und effektiver an der Erreichung.

P Planungen können noch so gut sein – niemand kann wirklich alles vorher bedenken. Aus diesem Grund ist es extrem wichtig, dass Sie sich genug Pufferzeiten einbauen. Als Faustregel gilt: 60 % verplanen für konkrete Aufgaben, 20 % für Störungen / Unvorhergesehenes und 20 % für spontane, soziale Aktivitäten. Die 20 % für ihre persönlich bedingte Arbeitsunterbrechung brauchen Sie – das sind notwendige Regenerationsphasen!

E Entscheidungen treffen – wie wir bereits zuvor gelernt haben ist dies eines der wichtigsten Element des Zeitmanagements. Setzen Sie Prioritäten, nutzen Sie die ABC – Analyse und das Eisenhower – Prinzip um ihre Aufgaben sinnvoll zu filtern.

Verzetteln Sie sich nicht, indem Sie ihren Plan zu sehr füllen.

N Nachkontrolle, wie bei jeder Planung ist es wichtig ein Resümee zu ziehen. Bei der Kalkulation ist die Nachkalkulation selbstverständlich – schließlich möchten Sie doch wissen, wie viel Sie wirklich verdient haben.

Genauso selbstverständlich soll und wird Ihnen die Nachkontrolle Ihrer Pläne werden.

Mit der Nachkontrolle vermeiden Sie Fehler, sie vermeiden etwas zu vergessen - ohne ihren Kopf zu belasten.

---

[9] Lothar J. Seiwert "30 Minuten für optimales Zeitmanagement"

Tagespläne

Einen Tag zu planen hat den Vorteil, dass er eine relativ kurze Zeiteinheit darstellt. Falls die Planung noch nicht so erfolgreich war wie gewünscht, kann man hier durch kleine Korrekturen am nächsten Tag nach und nach den Idealzustand erreichen.
Viele gut geplante Tage ergeben automatisch eine erfolgreiche Woche.
Wenn man mit der Tagesplanung bereits erfolgreich ist, kann man ohne große Mühe diesen Effekt auch auf die Wochenpläne übertragen.

Hilfsmittel

Für Tagespläne gibt es verschiedene Wege. Sie können sich eine Tafel ins Büro hängen, Sie können sich Listen und Vordrucke selber erstellen, ein PC – Programm oder einfach einen guten Kalender benutzen.

2.1.5. Tipps zur Anwendung
Egal für welches Hilfsmittel Sie sich entscheiden, bedenken Sie eins:

Es muss zu Ihnen und Ihrem Arbeitsstil passen!

Sie müssen damit gut und problemlos zurechtkommen, egal wie andere darüber denken.

Als Beispiel habe ich einen Tagesplan angefügt.
So oder so ähnlich gibt es bereits Kalender / Planer / Organizer, sie haben sich in der Praxis bewährt.

Tagesplan

Datum: 15. Oktober 98

	Termine	OK		☎	Kontakte	OK
		✓		X	Dr. Galle 494-169	✓
	Yoga	✓	X		Mappet-Angebot	
08	Stille Stunde	✓		X	Apple08.../9306401	✓
				X	Gabal e.V. 92918	✓
09			X		Struktogramm	
				X	Conradi 252230	
10				X	Meier 06131-369363	
11						
12	Mittagessen mit Dr. Wagner	✓				
13						
14	Vorbereitung Meeting				Aufgaben	
15	Meeting R & G Buch Layout		A	1.5	Y.K. Preise kalkulieren	✓
16	(Hier)		B	1.0	Werbe-Budget planen	✓
			B	0.5	Vorbereitung Meeting R & G	
17	Tagesplan für 16.10.		C		Flug Wien buchen	
18			C		Akte Conradi?	
			C	1.0	Name Bank-Handbuch	
19	Tennis "T.-C. Rot-Weiß"		DEL	KK	Reklamation TTS	
20			DEL	KK	Pressemappe S.Impulse	
21					Statistik	
					Kaufinteressenten III	
22					Privat	
					Blumen f. Evelyn	
					Tagesziel	
					Ich denke und handle positiv	

Für die Auswahl und den Kauf sollten Sie sich jedoch Zeit nehmen.
Es gibt ebenfalls spezielle Ziel- und Zeitplanbücher sowie diverse PC – Programme und elektronische Organizer, mit denen Sie sich jedoch auch erst eingehender befassen sollten, bevor Sie diese kaufen.

Fangen Sie ruhig mit einem DIN A 4 Blatt für einen Tag an, es ist eine preiswerte „Grundausstattung" und hat mehrere Vorteile. Besonders zu Beginn werden Sie umplanen, durchstreichen, ergänzen. Wenn Sie ein DIN A 4 Blatt benutzen, können Sie es bei Bedarf durch ein neues ersetzen und behalten die Übersicht. Zum anderen können Sie immer wiederkehrenden Vorgängen einen festen Platz einräumen und sich die Vorbereitung durch Kopieren erleichtern.

Detailgenauigkeit
Ein Tagesplan erfordert eine relativ hohe Genauigkeit, da Sie innerhalb eines kurzen Zeitraumes mit konkreten Teilaufgaben möglichst eine hohe Effizienz erreichen wollen.
Desto genauer Sie planen, desto besser können Sie agieren und desto mehr Zeit gewinnen Sie für Ihre Ziele.

Wochenpläne + Jahrespläne
Die Hilfsmittel bei Wochenplänen + Jahresplänen sind im Prinzip die gleichen wie die der Tagespläne. Wobei sich hier z.B. Magnettafeln, Übersichtstafeln anbieten, damit immer das nächsthöhere Ziel vor Augen ist. Farben bieten eine gute Organisations- und Übersichtshilfe.
Die Detailgenauigkeit bei Wochenplänen ist nicht mehr so hoch wie bei Tagesplänen, da hier bereits mehr Unsicherheitsfaktoren eine Rolle spielen. Auch hier gilt es, sich genug Spielraum einzuplanen.

Eigenen Tagesplan erstellen

Sie haben während des Lesens sehr viel für Ihre eigene Zeitplanung vorbereitet. Das ist gut. Bitte bringen Sie alles was Sie hierbei über persönliches Zeitmanagement gelernt haben zur Anwendung.
Erstellen Sie sich einen Tagesplan für den nächsten Tag!

Zusammenfassung / Checkliste

- Wichtigste Schritte in Stichpunkten visualisieren
- Visualisieren Sie sich in regelmäßigen Abständen ihre Aufgaben
- Setzen Sie sich Ziele
- Unterteilen Sie diese in sinnvolle Teilschritte
- Nehmen Sie sich nicht zu viel auf einmal vor
- Gliedern Sie Ihre Aufgaben
  nach Wichtigkeit + Dringlichkeit (ABC / Eisenhower)
- Erstellen Sie sich Tagespläne
  (Wochenpläne + Jahrespläne)
- Lassen Sie sich genug „Pufferzeit"
- Verplanen Sie nur ca. 60 % des Zeitkontingentes
- Beachten Sie die ALPEN – Methode
- Seien Sie konsequent!

Tipps zur Anwendung der Checkliste

Jeden Tag, den man arbeitet setzt man sich wieder der „Gefahr der Routine" aus. Nehmen Sie sich deshalb jeden Tag Zeit für Ihre Planung.

Planen Sie die Planung in Ihren Tagesablauf ein!

Benutzen Sie hierfür immer mal wieder die Checkliste, kontrollieren Sie Ihr Verhalten und motivieren Sie sich immer wieder selbst, indem Sie sich die vielen, vielen Haken an Ihren Tages-, Wochen- und Jahresplänen anschauen!

„Auch eine Reise von 10.000 Meilen –
beginnt mit einem einzigen Schritt."[10]

---

[10] Mahatma Ghandi zugesprochen

2.2. Büroorganisation

„Wer Ordnung hält ist nur zu faul zum Suchen..."
wer hat diesen Spruch nicht schon gehört, die meisten werden ihn sogar schon mal zur eigenen Rechtfertigung verwendet haben – aber was steckt da hinter?
Welche Auswirkungen hat die „geliebte" Unordnung?

<u>Die Situation</u>

Wo ist denn nur...? Der Zettel war doch gerade noch da...!
Eine typische Situation in Büros, besonders in kleinen Handwerksbüros in denen der Betriebsinhaber auch Herr im Büro ist.
Mit welcher Art Werkzeugkoffer arbeiten Sie lieber? Die bekannte und altbewährte Kramkiste in der sich irgendwo alles Notwendige befindet – oder ist Ihnen ehrlich gesagt die Kiste in der die Schraubendreher und Schlüssel nach Größe und Zweck sortiert liegen lieber?
Warum machen Sie es bei Ihrem Schreibtisch und Ihren Unterlagen nicht genauso?

<u>Die Gründe</u>

Die Gründe hierfür sind so unterschiedlich wie Sie unterschiedlich sind.
Einige sind aber recht häufig vertreten. „Der Papierkram ist doch nicht so wichtig, keine Ahnung wie das besser gehen soll, Zeitnot, kein System".
Argumente wie „Ich muss doch die Aufträge fertig bekommen, da kann ich meine Zeit doch nicht mit Papierkram verplempern..." sind nur allzu bekannt.
Erinnern Sie sich bitte an die Geschichte mit dem Waldarbeiter und stumpfen Säge!

Die Folgen

Die Folgen für Betriebe sind unermesslich. Einerseits gehen durch Chaos wichtige Informationen verloren. wodurch teure Fehler entstehen können. Andererseits wird viel zu spät fakturiert, was ebenfalls eine Folge des Schreibtischdurcheinanders ist und in Kombination bis zur Insolvenz führen kann.
Die gesetzliche Fakturierungsfrist ist mit dem neuen Gesetz auf 30 Tage festgelegt. Erschreckend ist, dass die Zeit bis zum Zahlungseingang im Durchschnitt noch immer bei 60 Tagen liegt! Dies ist nicht nur eine Folge der – zugegebner Maßen – schlechten Zahlungsmoral der Kunden, sondern auch der schlechten Fakturierungs- und Mahnungsdisziplin der Handwerksbetriebe.

Hier liegt ein enormes Kostensenkungspotential!
Jeder Tag, den Sie auf Ihr Geld länger als geplant warten müssen, bedeutet für Sie Verlust!
Jeden Tag den Sie länger mit der Rechnungsstellung warten, binden Sie unnötig Kapital und verlieren somit wertvolle liquide Mittel.
Die Liquidität ist der größte Risikofaktor für ein Unternehmen. Sie können hier durch ein vernünftiges Ordnungs- und Ablagesystem entgegenwirken.

Ziel des Abschnittes

Ziel dieses Abschnittes soll sein, Ihnen eine erste Idee eines sinnvollen Ordnungssystems an die Hand zu geben. Der erste Schritt zu einer besseren Organisation und Ordnung für Sie persönlich.

Ich möchte Ihnen eine Praxishilfe anbieten, mit der Sie die ersten kleinen – aber effektiven – Verbesserungen planen und sofort in Ihrem Betrieb umsetzen können.

Sammeln Sie zunächst Thesen zu den folgenden Fragen. Vielleicht benutzen Sie hier schon die gelernte Mind-Map Methode.
Was fällt Ihnen zu Ordnung an, in Ihrem Schreibtisch ein?
Was stört Sie an der Situation Ihres Schreibtisches?
Was möchten Sie verändern?

Was fällt mir auf?	Was möchte ich verändern?	Was ist besonders dringend?

Ordnungsansätze

<u>Kreatives Chaos</u>
Es gilt immer noch als kreativ – Chaos. Es soll Menschen geben, die auf diese Weise sehr gut arbeiten können. Jedoch sind das im seltensten Fall Menschen, die sich an deutsche Buchhaltungsgrundsätze, Steuer- und Rechtsvorschriften halten müssen weil sie einen Handwerksbetrieb leiten.
Im Allgemeinen arbeitet es sich wesentlich besser und stressfreier, wenn man nicht lange suchen muss, sondern genau weiß wo man etwas findet.
Dieses ist Ihnen allen sicherlich aus der praktischen Arbeit bekannt: Sie wissen wo Sie welches Material bestellen und wo Ihre Werkzeuge liegen, oder? Genau so sollte es auch auf Ihrem Schreibtisch aussehen – wenn nicht ist sicherlich auch eine Reform der Werkstatt notwendig!

„Ein ordnungsliebender Manager arbeitet meines Erachtens leichter"[11]

---

[11] Wolfgang Habbel (*1924) Deutscher Automobilmanager / Audi

Der leere Schreibtisch
Das genaue Gegenteil wäre der komplett leere Schreibtisch. Dieser hat den enormen Vorteil, dass Sie viel Platz haben und Sie jederzeit einen Besucher empfangen können – jedoch ist das nicht Aufgabe eines Arbeitstisches.
Es gilt das gesunde Mittelmaß zwischen Chaos und Leere zu finden.
Hierbei ist jedoch eine pragmatische Lösung und keine philosophische Betrachtung gefragt.
Was das gesunde Mittelmaß ist, bestimmen Sie weitestgehend selber.
Ein Arbeitsplatz zeugt nicht nur viel vom Charakter des Benutzers, er muss auch immer zu demselben passen.
Aus allen Vorschlägen die ich hier anspreche und Sie erarbeiten, kann sich jeder das für Ihn persönlich Passende heraussuchen. Nicht jede Methode führt bei jedem zum gewünschten Erfolg.

**Es heißt also:
Aus dem vollen schöpfen!**

2.2.1. Der Schreibtisch – die Werkbank der Verwaltung

Ich bezeichne den Schreibtisch gerne als „die Werkbank der Verwaltung", da dieser das Herzstück darstellt.
Wenn Sie Ihre Werkbank oder Maschine effektiv nutzen wollen, beachten Sie bestimmte Regeln:

- Sie sortieren die Werkzeuge und Materialien vor Gebrauch
- Sie räumen die Werkzeuge nach Gebrauch wieder an ihren festen Platz
- Sie entfernen Materialreste
- Sie säubern sie in regelmäßigen Abständen

Dies sind Grundregeln die auch für Ihren Schreibtisch gelten. Hinzu kommen Grundregeln für den Umgang mit Papieren und Unterlagen.
- hängen Sie Ihren PC – Monitor höher
- lassen Sie die PC – Tastatur verschwinden
- entfernen Sie alles, was Sie nicht täglich brauchen
- entfernen Sie alle alten Prospekte
- stapeln Sie Zeitschriften und Prospekte nicht zu einem Turm (er endet als „Schiefer Turm von Pisa" und fällt genau im ungünstigsten Moment um)
- werfen Sie Prospekte und Kataloge die Sie nicht interessieren sofort weg, sie werden sie wahrscheinlich nie benötigen
- sortieren Sie uninteressante Werbung in Ihrer Post sofort aus und werfen Sie sie weg
- entfernen Sie die Stiftebox, wählen Sie die Stifte die Sie wirklich immer benutzen aus und legen Sie sie in die Schreibtischschublade
- trennen Sie sich vom Zettelblock – benutzen Sie statt dessen einen DIN A 4 Block oder ein Superbuch für alle Notizen
- Büroklammern, Uhu, Tesafilm, Locher, Hefter u. Klammeraffe sind in der Schublade nah genug

**„Kreativität heißt,
aus dem Chaos Ordnung zu schaffen."**[12]
Seien Sie kreativ!

---

[12] Georg Stefan Woller, österreichischer Journalist

2.2.2. Vorstellen von Hilfsmitteln

Um alle guten Ratschläge auch umsetzen zu können, bedarf es verschiedener Hilfsmittel. Manche sind sicherlich vorhanden und müssen nur noch sinnvoller genutzt werden, andere sollte man vielleicht anschaffen. Das liegt aber immer im Ermessen des Anwenders und der Arbeitsweise eines jeden einzelnen. Hier können nur Vorschläge gemacht werden.

Ziel ist es
- eine gute Übersicht zu bekommen
- leichter arbeiten zu können
- schneller / zügiger arbeiten zu können
- vorhandene Zeit sinnvoll und effektiv zu nutzen
- weniger ineffektive Suchzeiten zu haben

Schreibtischunterschrank als Wunderwaffe

Nicht alles was auf dem Schreibtisch steht muss auch auf dem Schreibtisch stehen!
Wie zu Beginn dieses Abschnittes bereits angesprochen, ist es oft nicht notwendig, dass alle Arbeitsmaterialien auf dem Schreibtisch zu finden sind.
Gerade im Zeitalter der PCs nimmt die tägliche Routinearbeit mit unendlich viel Papier tendenziell doch eher ab. Viel Korrespondenz die bisher noch per Fax lief, erledigt man heute per Email und spart somit Zeit und Papier!
Hieraus ergibt sich die Möglichkeit einige bislang ständig benötigte Utensilien zu entfernen, darüber hinaus sind auch bei traditionellen Arbeitsweisen fast immer zu viele unnötige Gegenstände auf dem Tisch.

Überlegen Sie: Wie viele Stifte brauchen Sie wirklich pro Tag?
In der Regel reicht ein einziger, guter Kugelschreiber für ca. 80 % der anfallenden Tätigkeiten aus. Wir erinnern uns hier an das Pareto-Prinzip!
Eine Bleistift, ein Radiergummi und 1 – 2 Textmarker sind in der obersten Schreibtischschublade gut aufgehoben – mehr benötigen Sie selten.
Alles was Sie nicht täglich mehrfach benutzen ist unnötiger Ballast, der Ihnen nur wertvollen Arbeitsplatz stiehlt.

Es ist im ersten Moment sehr ungewohnt nicht mehr eine ganze Batterie von Stiften in greifbarer Nähe zu haben, aber benutzt haben Sie wahrscheinlich bisher auch nur einen bestimmten.

Trennen Sie sich von Ihrem Zettelblock. Der Zettelblock hat den Vorteil, dass man schnell etwas notieren kann und nicht nach Papier suchen muss. Zugegeben. Diese Form der Notiz hat andererseits auch Nachteile, birgt die Gefahr, sich – im wahrsten Sinne des Wortes – zu verzetteln.
Die angesprochenen Blöcke sind max. 10 x 10 cm groß und gehen dadurch leicht unter, denn der reguläre Schriftverkehr findet auf DIN A4 statt. Hinzu kommt, dass Sie mit diesen Zetteln keinen Überblick über das zu Erledigende haben, Sie müssten sie zunächst sortieren.
Das kostet Zeit und ob Sie in dem Moment in dem Sie sortieren noch alle am Tag geschriebenen Zettel finden - eher unwahrscheinlich.
Dies ist einfach zu umgehen, indem ein „Superbuch" oder ein „To-Do-Block" genutzt wird.

Das Superbuch ist ein Blankobuch in dem alles notiert wird, was zu erledigen ist. Ein „To-Do-Block" ist im Prinzip das Gleiche, kann aber bereits so vorbereitet sein, dass bereits vorsortiert wird. So gehen keine Informationen verloren, sie haben sie im Blick und können entsprechende Prioritäten setzen und diese Notizen per Zwei – Listen – Prinzip für Ihre Tagesplanung verwenden.

Lassen Sie Ihren Pultordner verschwinden.

Keine Angst, niemand will Ihnen die Wiedervorlage wegnehmen – nur unsichtbar machen.
Pultordner – sehr beliebt seit 1875 und immer noch nicht Platz sparend.

Er ist ein großer, schwarzer Dinosaurier der Verwaltung und vom Prinzip nicht schlecht, jedoch nimmt er wertvollen Schreibtischplatz in Anspruch. Diesen Platz kann man durch eine anders gestaltete Wiedervorlage gewinnen.
Zudem haben diese Pultordner - und zugegebener Maßen auch andere Wiedervorlagesystem - die seltsame Angewohnheit Zettel mit Notizen oder Terminen gerne mal verschwinden zu lassen.
Wiedervorlagen können gut durch Hängeregister im Schreibtischunterschrank oder evtl. durch PC – Systeme ersetzt werden.
Eine sehr praktische Lösung ist die Wiedervorlage als Hängeregister. Sie nehmen einfach 31 Hängeregistertaschen für den aktuellen Monat und je nach Vorliebe einen oder 11 weitere für die restlichen Monate und sortieren die Unterlagen wie gewohnt ein.
Wenn Sie die Wiedervorlage bearbeiten, holen Sie das entsprechende Register heraus – wenn Sie fertig sind verschwindet es wieder in der Versenkung und stört Sie nicht mehr!

Die Wiedervorlage per PC erfordert eine ausgeklügelte Technik, denn dafür müssten die Dokumente bereits eingelesen sein.
Sehr effektiv ist jedoch die Termin- und Aufgabenverwaltung per Computer. Wenn man fit ist ☺
Hier ist zu bedenken, dass beide Vorlagearten stets zu pflegen und regelmäßig zu bearbeiten sind.
Je nach Arbeitsart ist es manchmal sogar möglich, die Wiedervorlage ganz abzuschaffen und durch eine vernünftige Zeit- und Arbeitsplanung unnötig zu machen.

Hierfür muss man schon etwas erfahrener im Zeit- und Selbstmanagement sein, so dass dies als ein Ziel gesetzt werden kann.
Ziele setzen ist schließlich der erste Schritt zum Erfolg.

Ein weiteres bekanntes Relikt der Verwaltung sind die Ablagekörbchen.

Nicht dass Sie nicht sinnvoll sein können, jedoch sind Türme aus Ablagekörbchen störend, platzverschwendend und gefährlich. Sie bergen die Gefahr, die wir auch von Pultordnern kennen: Sie quellen über oder lassen Notizen verschwinden. ☺
Ich sehe den Ablagekorb als eine Art Briefkasten. Es gibt immer wieder Standartpapiere, die gesammelt werden, die an Sie zur Weiterbearbeitung oder Unterschrift gegeben werden müssen. Damit Ihre Arbeit nicht jedes Mal unterbrochen wird, sollten Sie mit Ihren Mitarbeitern oder Kollegen einen festen Platz vereinbaren. Hierfür eignet sich der Ablagekorb gut. Von hier aus, können Sie so weiterarbeiten wie Sie selber es geplant haben und nicht dann, wenn ein Mitarbeiter oder Kollege meint.

Dieser Briefkasten kann auch auf einem Sideboard stehen um keinen Platz zu stehlen. Er darf aber nicht zu einem „toten Briefkasten" werden, es gilt:

Regelmäßig bearbeiten und sortieren!

Briefpapier, Folien, Blöcke und was sonst in diesen Ablagen gesammelt wird, sind in einem Hängeregister Platz sparender und besser aufgehoben!
Ob Sie bei Bedarf mit der Hand in den Turm oder ins Hängeregister im Unterschrank greifen macht keinen Unterschied – außer mehr Platz und Luft auf dem Schreibtisch!

Aktenbeschriftung
Wenn Sie Ihren Schreibtisch entrümpelt haben, alle uninteressanten Kataloge und Prospekte in der Ablage „P" gelandet sind und Sie wieder Platz zum richtigen Arbeiten haben, werden Sie wahrscheinlich feststellen: „Herrje wie sehen nur meine Akten aus!"

Mit dem Aufräumen Ihres Schreibtisches haben Sie den ersten, wichtigen Schritt zu weniger Suchzeiten und mehr Effizienz getan. Diesen Effekt verstärken Sie, indem Sie Ihre Akten ebenfalls „aufräumen".
Aktenordner sind sehr hilfreiche und aus einem Büro nicht wegzudenkende Hilfsmittel. Es kommt aber darauf an wie sie eingesetzt werden.
Hier gibt es sehr unterschiedliche Wege. Ein Aktenordner kann ein Sarg für alle Unterlagen sein – in dem alles auf nimmer Wiedersehen verschwindet- oder ein hilfreiches Instrument.

Damit Akten - ORDNER ihren Namen auch zu Recht tragen, ist es wichtig, dass Sie systematisch eingesetzt werden. Bevor ein Ordner angelegt wird, muss seine Bestimmung klar sein.

      a) Wofür wird er benutzt?
      b) Welche Größe muss er haben?
      c) Zu welchem Bereich gehört er?
      d) Was soll er alles enthalten?

zu a)
Um den richtigen Ordner auszuwählen, sollten Sie sich Gedanken darüber machen, ob er z.B. ein reiner Büroordner ist, ob er mit zum Kunden genommen wird oder sogar in der Werkstatt benutzt wird.
Es gibt sehr viele verschiedene Arten von Ordnern, die auf die unterschiedlichsten Bedürfnisse abgestimmt sind. Präsentationsordner, spezielle Ordner für Endlospapier oder für Kontoauszüge.

Die Frage der Archivierung bis zum Ablauf der Aufbewahrungsfrist sollte bereits bei der Erstellung eine Rolle spielen. In vielen Fällen, kann dadurch das lästige Umheften vermieden werden.

zu b)
Die Größe ist in der Regel das DIN A 4 Format, da es sich als sinnvoll erwiesen hat, den Schriftverkehr in diesem Format zu halten. Dies haben wir bereits bei der Frage nach der Größe von Notizzetteln und Schriftverkehr angesprochen.
Wichtig ist die Breite des Ordners. Es ist nicht notwendig einen 80 mm breiten Ordner zu benutzen, wenn innerhalb des geplanten Zeitraumes nur wenige Papiere dort abgeheftet werden sollen. Das kostet wertvollen Platz.

Es ist sinnvoll einen breiten Ordner für alle Bereiche zu verwenden, bei denen es ein hohes Papieraufkommen gibt. Hier sollte von Anfang an ein breiter Ordner verwendet werden. Ein zu klein geplanter Ordner erfordert späteres Umheften. Das ist lästig, umständlich und zeitverschwendend.
Egal welchen Ordner Sie benutzen, achten Sie auf Qualität. Eine defekte Heftung die bei der täglichen Arbeit stört, kostet Zeit und Nerven. Das ist die vergleichsweise geringe Geldersparnis im Endeffekt nicht wert.

zu c)
Zu welchem Bereich gehört ein Aktenordner? Natürlich zum Büro, oder? Im Prinzip ja. Im Büro- und Verwaltungsbereich unterscheidet man jedoch verschiedene Bereiche. Personal, Controlling, Marketing– als Beispiel.
Nicht jeden Ordner brauchen Sie jeden Tag für jede Arbeit. Um Suchzeiten zu verkürzen und somit die Arbeit angenehmer und leichter zu machen, bietet sich eine Markierung an.

Der Mensch nimmt auf verschiedene Weisen wahr. Eine ist die Farbunterscheidung. Diese Tatsache eignet sich hervorragend für eine Grobunterteilung der Aktenordner.
Jeder Bereich erhält eine Farbe.
Hierfür müssen Sie die Bereiche festgelegt haben und entsprechende Ordner zur Verfügung stellen.
Eine kostengünstige, weil flexible, Lösung sind verschiedenfarbige Rückenschilder. Diese sind von verschiedenen Herstellern auch als PC-Etiketten erhältlich, was eine saubere Beschriftung vereinfacht.
Bitte überlegen Sie sich: In welche sinnvollen Bereiche lassen sich meine Unterlagen gliedern.

Machen Sie sich hierfür die Mind – Map Methode zunutze, die Sie bereits kennen.
Per Mind – Map lassen sich Ideen und Gedanken systematisch zu einem gesamten Bild zusammenfassen. Machen Sie sich dies für die Planung Ihrer `Ordnung der Ordner ´ zunutze. Erstellen Sie eine Karte aller Ihrer Themenbereiche und ordnen diesen die entsprechenden Unterpunkte zu. Somit können Sie ihre Arbeitsbereiche visualisieren und sinnvoll sortieren.
So gehen Sie vor:

- Skizzieren Sie in der Mind – Map die Hauptgebiete ihres Betriebes
- Ergänzen Sie diese mit den konkreten Unterpunkten auf Kärtchen
- Markieren Sie farbig die, die Ihrer Meinung nach zusammengehören
- Überlegen Sie ob die Zuordnung passt, wenn nicht, sortieren Sie einfach um

Damit haben Sie bereits den ersten Schritt einer konkreten Büroorganisation geschafft. Sie sind sich darüber bewusst geworden, in welche Bereiche ihre Ordner unterteilt werden sollten.

Bedenken Sie, dass es eine Grobunterteilung ist, die das Suchen erleichtern soll. Wählen Sie nicht zu viele verschiedene Bereiche aus.

Fixieren Sie das Ergebnis jetzt und hier schriftlich.
Die Hauptbereiche für meinen Betrieb sind:

_____

_____

_____

_____

zu d)
Planung einer eigenen Ordner Unterteilung
Logisch aufbauen

CHECKLISTE
Was sollte ich bei der Aktenbeschriftung beachten?

- ☐ Farblich sortiert
- ☐ einheitliches Schriftbild
- ☐ ggfs. Nummerierung
- ☐ Firmenname im Kopf
- ☐ gleiche Leserichtung
- ☐ ausreichende Schriftgröße
- ☐ neutrale Schrift (ohne Schnörkel)

Aktensuchplan
Sie haben durch die beiden praktischen Übungen gute Vorarbeit für ein weiteres, sinnvolles Hilfsmittel geleistet.
Sie kennen Ihre Bereiche und Sie wissen wie Sie sich die Ordnung ihrer Ordner erschließen können.

Wenn Sie sich bei der Umsetzung an die erarbeiteten und besprochenen Richtlinien halten, alles logisch aufgebaut haben, sollte jede Unterlage im Nu zu finden sein. Sollte. Es kommt immer mal vor, dass die Ablage einer bestimmten Unterlage nicht mehr präsent ist. Hierfür gibt es Aktensuchpläne.

Betrieb 0	Personal 1	Löhne 2	Marketing 3	Bank 4	Versicherung 5	Finanzen 6
0.1 Gründung	1.1 Tatjana Oberpichler	2.1 Abrechnungen	3.1 Messebau	4.1 Darlehen	5.1 KFZ	6.1 Rechnungen
0.2 Pacht Gebäude	1.2 Heiko Oberpichler	2.2 Lohnjournal	3.2 Aufbau- service	4.2 Konten	5.2 Betrieb	6.2 Kassenbuch
0.3 KFZ-Steuer Käufe	1.3 Wolfgang Friedrich	2.3 Lohnsteuer	3.3 Planung allgemein	4.3 Schreiben Sonstiges	5.3	6.3 Buchhaltung G+V
0.4 Inventar Käufe	1.4 Aushilfen	2.4 Sozialversicherung	3.4 Kopiervorlagen	4.4	5.4	6.4 Umsatz/Einkommen Steuer
0.5 Bilanzen	1.5 Sonstige Pandel	2.5	3.5	4.5	5.5	6.5 Jahresabschluß
0.6	1.6	2.6	3.6	4.6	5.6	6.6

Angebote 7	erled. Aufträge 8	Lieferscheine 9	Arbeits- mappen 10	Sonstiges 11	Telekom 12	Büro 13
7.1 Messe	8.1 Messe	9.1 Lieferscheine	10.1 Messe	11.1 Faxe	12.1 Bürotelefon	13.1 Handbuch
7.2 Aufbau- service	8.2 Aufbau- service	9.2 Lieferanten- verträge	10.2 Aufbau- service	11.2 Schreiben	12.2 Mobiltelefon	13.2 Infoblätter
7.3 eingeh Angebote	8.3	9.3	10.3	11.3	12.3	13.3 Formulare
7.4	8.4	9.4	10.4	11.4	12.4	13.4
7.5	8.5	9.5	10.5	11.5	12.5	13.5

14. Info's
14.1 Messepläne
14.2 Hotels

Ein Aktensuchplan ist eine Übersichtstabelle über Ihre Akten. Nachdem Sie das System ihrer Ordner durchdacht haben, brauchen Sie nun nur die Inhalte der jeweiligen Ordner in eine Tabelle einfügen.
Eine weitere Auflistung sollte möglichst alphabetisch sein, damit das gewünschte Schriftstück sofort gefunden wird.

Name	Ordner Nr.	Ordnername	Standort	
aktuelle Angebote	10	Arbeitsmappen	Regal	Büro
bezahlte Rechnungen	6	Finanzen	Regal	Büro
Darlehen	4	Bank	Regal	Büro
Daueraufträge	4	Bank	Regal	Büro
erhaltene Forderungen	6	Finanzen	Regal	Büro
erledigte Aufträge	8	erl. Aufträge	Regal	Büro
Gebäudeversicherungen	5	Versicherung	Regal	Büro
Kassenbuch	6	Finanzen	Regal	Büro
KFZ Briefe	0	Betrieb	Regal	Büro
KFZ Steuer	0	Betrieb	Regal	Büro
KFZ Versicherung	5	Versicherung	Regal	Büro
Kopie Montageauftrag	13	Büro	Regal	Büro
Kopie Rentabilität	13	Büro	Regal	Büro
Kopie Stundenzettel	13	Büro	Regal	Büro
Kopiervorlagen	13	Büro	Regal	Büro
Lieferscheine	9	Lieferscheine	Regal	Büro
Lohnsteuerunterlagen	2	Löhne	Regal	Büro
noch zu zahlende Rechnungen (Verbindlichkeiten)	Pult 1	noch zu zahlende RE	Sideboard	Büro
offene Forderungen	Pult 2	TeamTec RE	Sideboard	Büro
Pachtvertrag	0	Betrieb	Regal	Büro
Sozialversicherungsunterlagen	2	Löhne	Regal	Büro
Steuer	6	Finanzen	Regal	Büro

Dieses Instrument hat sich besonders für Vertretungszeiten bewährt. Ebenso ist es ein gutes Hilfsmittel für neue Mitarbeiter. Sie erleichtern sich selber die Einarbeitung und geben dem Mitarbeiter mehr Sicherheit an die Hand. Der neue Mitarbeiter hat den Kopf für elementare Erklärungen frei und kann Sie dadurch schneller und besser entlasten. Zudem lässt diese gute Vorbereitung ihren Betrieb noch besser erscheinen, es motiviert zu effektivem Handeln.
Sie gewinnen Zufriedenheit – für sich und ihren Mitarbeiter.

Ablage
Ablage – was ist das? Ablage meint die Archivierung der Geschäftsbriefe, der Verträge, der Quittungen und aller anderen geschäftlichen Unterlagen.
Zum einen ist jeder Geschäftsmann vom Gesetzgeber her verpflichtet seine Unterlagen 10 Jahre aufzubewahren, zum anderen macht dies auch für den Unternehmer selber Sinn. Es ist äußerst hilfreich eine lückenlose Dokumentation aufzubauen. Wenn Sie alle Unterlagen sinnvoll zusammengestellt archivieren, ist zu jeder Zeit eine objektive Beurteilung von Lieferanten und Kunden möglich. Hierdurch können Verhandlungen erfolgreicher geführt werden. Sie entscheiden weniger aus dem Bauch, sondern mehr aufgrund von Fakten.
Die Ablage sollte deshalb nicht zum ungeliebten Muss avancieren.

Die Organisation der Ablage wird durch eine gute Aktenordnung sehr erleichtert. Sie sollten Ihre Akten nach Themen und Jahren sortieren, wie es bei der Beschriftung der Akten bereits angesprochen wurde. So brauchen Sie diese am Ende des Jahres nur an einen anderen Ort stellen. Wenn die gesetzliche Aufbewahrungsfrist abgelaufen ist, können diese Ordner entsorgt werden.
Es ist sinnvoll am Ende eines jeden Jahres eine kurze Zusammenfassung der wichtigsten Besonderheiten zu notieren und diese in den neuen Ordner zu übernehmen, so gehen Ihnen keine Informationen verloren.

Erleichtert wird die Archivierung durch die neuen Medien. Mit der richtigen Software lassen sich Papierberge minimieren. Durch gute, passende Verwaltungsprogramme können Sie sich auch die Zusammenfassung am Ende eines Jahres sparen. Die neuen Programme ermöglichen es, vieles derart abzuspeichern, dass Sie jederzeit Zugriff haben und eine Auswertung erstellen lassen können. Dies mindert die Gefahr von Übertragungsfehlern, es spart Zeit, Papier und Nerven.
Auf jeden Fall muss die Ablage so gestaltet sein, dass Sie daraus jederzeit Nutzen ziehen können.

Dafür ist Folgendes zu bedenken:
- die Aktenordner müssen deutlich beschriftet sein
- die Ablage muss in sich logisch sortiert sein
- die Ordner müssen vorher systematisch geführt worden sein
- es kann gut sein, auch für die Ablage einen Übersichtsplan zu erstellen

Damit sich weniger Fehler einschleichen, können Sie z.B. alle Unterlagen, die Sie selber bearbeiten müssen von Ihren Mitarbeitern vorsortieren lassen. Hierfür eignen sich die oben bereits erwähnten Ablagekörbchen – auf einem Sideboard.

Formulare als Organisationshilfe

Damit die Organisation schnell und einfach Fuß fassen kann sind verschiedene Schritte notwendig. Es beginnt damit, dass Sie selber hinter dem neuen Konzept stehen, dass es zu Ihnen und Ihrer Firma passt und Sie Ihre Mitarbeiter in angemessener Weise darüber informieren.

Beziehen Sie Ihre Mitarbeiter möglichst bereits bei der Planung mit ein. Sie können durch die guten Ideen und verschiedenen Sichtweisen nur gewinnen.
Außerdem werden Ihre Mitarbeiter dadurch den Neuerungen wesentlich positiver begegnen und sie schneller und wirkungsvoller umsetzen.
Für eine schnelle und effektive Umsetzung haben sich Formulare im Alltag bewährt.
Tendenziell schreiben die meisten Menschen immer weniger und ungern. Um trotzdem die gewünschten Informationen zu erhalten sollten Vordrucke angefertigt werden, die Stichpunkte erfordern oder Ankreuzen.
Besonders sinnvoll sind „Checklisten", bei denen die einzelnen Schritte aufgelistet sind. Somit kann der Nutzer Schritt für Schritt vorgehen, vergisst nichts und kann sich selber kontrollieren.

**Checklisten haben den Vorteil,
dass Sie sehr einfach sind, immer wieder benutzt werden können und wenig Aufwand verursachen.**

Für alle wiederkehrenden Aufgaben ist es sinnvoll Formulare und Listen zu erstellen. Sie erleichtern das Tagesgeschäft erheblich. Der Vorbereitungsaufwand ist oft schon nach 2 – 3 Einsätzen gerechtfertigt.

Welche Arbeiten können in meinem Betrieb durch Checklisten + Formulare vereinfacht werden?   (Metaplan)

    z.B. Tagespläne, Wochenpläne
    z.B. wiederkehrende Arbeitsvorgänge
      (erleichtert die Delegation)

Bereich	Was	Notwendig?	Plan	Erledigt
Schreibtisch	Stifte			
	Uhu, Büroklammern, Locher			
	Pultordner			
	Zettelbox			
	To-Do-Block			
	Ordnungssystem für eingehende Unterlagen			
	Ablagekörbchen			
	Prospekte wegwerfen			
	Prospekte neuen Sammelort festlegen			
	PC – Monitor			
	PC - Tastatur			
	Drucker			
Aktenordner	Bereiche unterteilen			
	Register im Ordner			
	Ordner beschriften			
	Aktensuchplan erstellen			
	Ablage checken			
Formulare	siehe eigene Liste			
Post	Prospekte + Werbung sofort weg			

2.2.3. Zusammenfassung / Wichtigste Schritte

Wenn Sie nicht nur Ihren Schreibtisch, sondern auch Dinge um diesen herum ändern wollen, sollten Sie folgende Schritte beachten:

1. Situation analysieren
2. Ziele setzen – Teilziele
3. Ideen zur Veränderung sammeln
4. Konzept erstellen
5. Mitarbeiter einbeziehen
6. Mitarbeiter informieren
7. Durchführen der verabredeten Änderungen
8. Kontrolle nach kurzer Zeit
9. Besprechung der Korrekturen / Verbesserungen
10. Umsetzung der Verbesserungen
11. Tipps zur Anwendung der Checkliste

Jeden Tag, den man arbeitet setzt man sich wieder der „Gefahr der Routine" aus. Nehmen Sie sich deshalb jeden Tag etwas Zeit für Ihre Organisation. Planen Sie die Organisation in Ihren Tagesablauf ein!
Benutzen Sie hierfür immer mal wieder die Checkliste, kontrollieren Sie Ihr Verhalten und räumen Sie zwischendurch immer mal wieder auf.

Mit einem übersichtlichen Schreibtisch macht das Arbeiten mehr Spaß, denn es geht leichter von der Hand.
Stellen Sie sich heute schon vor, wie Ihr Schreibtisch nach dem „Aufräumen" aussieht!

„Wer alle Probleme geistig in geordnete Form packen kann, vermag bestens zu delegieren ohne jemals die Übersicht zu verlieren."[13]
Dies kann man auch umkehren:

---

[13] Wolfgang Habbl (*1924), deutscher Automobilmanager Audi

**Wer seine Sachen in eine sinnvoll geordnete Form packen kann, verliert nie die Übersicht.
– Und wer nie die Übersicht verliert erreicht seine Ziele!**

3. Geschäftsbriefe kundenfreundlich formuliert

3.1. Warum neu formulieren?

Die technische Entwicklung der letzten Jahre hat vielfältige Veränderungen in unser Leben gebracht, vieles ist schneller und moderner geworden. Dadurch sind auch die Ansprüche gewachsen – nicht nur unsere, sondern auch die unserer Kunden.
Der Markt ist im Zuge der Entwicklung enger geworden. Wo früher noch gute Leistung ausreichten, muss heute mit Marketing um den Kunden geworben werden. Sehr gute Leistungen reichen heute für die Kundengewinnung und langfristige Bindung nicht mehr aus, Marketing gewinnt an Bedeutung.
Der Geschäftsbrief als ein wichtiges Marketingmittel muss überzeugen!

3.2. Die äußere Form

Ziel dieses Abschnittes ist nicht das Erlernen der grundlegenden Elemente eines Briefes und deren Positionierung, sondern die Verbesserung und Modernisierung des Bekannten.

Die äußere Form eines Geschäftsbriefes trägt erheblich zum Erfolg bei. Egal ob bewusst oder unbewusst beeinflusst das Erscheinungsbild erheblich. Der Mensch entscheidet zu rund 80% emotional und nur zu rund 20% rational. Die so genannte Eisbergtheorie.
Bilder wirken auf die Emotio. Die äußere Form eines Briefes ist zunächst einmal ein Bild.

> Die Grundform eines Geschäftsbriefes ist immer ein qualitativ hochwertiges Papier im Format DIN A4.

Dieses Format ist übersichtlich, bietet Platz auch für längere Texte und passt in Standartordner und Briefumschläge.

Es ist sinnvoll ein eigenes Briefpapier zu entwickeln, auf dem der Kunde alle wichtigen Informationen findet. Es sollte darüber hinaus auch vielseitig verwendbar sein, damit dem Kunden ein einheitliches Bild des Unternehmens vermittelt werden kann.
Steigerung des Wiedererkennungswertes!

3.3. Die Elemente

Jeder Brief ist im Prinzip immer aus den gleichen Grundelementen aufgebaut. Kombinieren Sie diese mit der AIDA – Formel[14].

Adresse, Ort, Datum, Bezugszeichenzeile

- Adresse und der Name des Empfängers muss korrekt geschrieben sein
- wenn erkennbar ist, dass es sich um ein Unternehmen handelt, entfällt die Bezeichnung „Firma"
- Amtsbezeichnungen stehen i. d. R. nach Herrn / Frau vor dem Namen des Empfängers
- die Adresse sollte den DIN – Regeln entsprechen, damit der Sortiervorgang nicht erschwert wird und die Post ohne Verzögerung ankommt
- Ort und Datum gehören zusammen
- Kürzel wie pr-kl, ov-ob, fu-pa sollen eine Information über den Verfasser des Textes geben, entsprechen jedoch nicht mehr der Zeit. Für den Kunden ist der volle Name hilfreich.

---

[14] Wird im Folgenden erklärt

Anrede

- wenn der Empfänger im Anschriftfeld namentlich genannt ist, wird er auch mit Namen angesprochen
- andernfalls benutzt man „Sehr geehrte Damen und Herren"
- akademische Titel gehören zum Namen und müssen benutzt werden, wenn der Empfänger nicht ausdrücklich bittet dieses zu unterlassen
- die Anrede wird durch eine Leerzeile vom Text getrennt

> Sehr geehrter Herr Dr. Weißnichtviel, ...
> Guten Tag Frau Vergissmeinnicht, ...
> Sehr geehrte Damen und Herren, ...

Einleitung

Hierdurch telefoniere ich Ihnen... Wer würde so ein Telefonat beginnen? Niemand, oder? So etwas Unsinniges würden Sie doch nie sagen oder schreiben. Ist doch klar! Warum tun es tausende von Menschen Tag täglich in Ihren Geschäftsbriefen?[15]

Niemand mag überfallen werden. Das gilt auch für Kunden und Geschäftspartner. Der Leser eines Briefes soll sich auf den Inhalt einstellen können, hierfür ist eine Einleitung notwendig. Aber eine sinnvolle!

Die heutige Geschäftswelt ist von einer partnerschaftlichen Atmosphäre geprägt, so dass auch die Kommunikation entsprechend offen und klar sein darf.

---

[15] Frei nach Adolf Dirr

- freundlich
- positiv
- auf den jeweiligen Anlass des Briefes abgestimmt formuliert

Beginnen Sie mit einem Dank oder einem Kompliment

Vielen Dank für Ihre schnelle Reaktion, …..
Toll, dass die Ware so schnell bei uns ankam….
Vielen Dank für die ausführlichen Informationen. Sie waren uns damit sehr behilflich.

Hauptteil

Reden Sie nicht „um den heißen Brei herum", sondern sagen sie um was es geht. Ein Geschäftsbrief soll sachlich und präzise benötigte Informationen vermitteln und den Gegenüber handeln lassen.

- benutzen Sie eine klare Sprache. Wenn Ihr Geschäftspartner ihr Anliegen zwischen den Zeilen lesen muss, sind Missverständnisse vorprogrammiert

---
Wir bitten um einen Lösungsvorschlag.
Die Ware ist an Sie seit dem … unterwegs.
Bitte geben Sie in Zukunft Ihre Versicherungsnummer an, um eine schnelle Bearbeitung ermöglichen zu können

---

- formulieren Sie wie Sie sprechen
- vermeiden Sie Doppelausdrücke wie „telefonischer Anruf", „Rückantwort" etc.

Rückantwort = Antwort
telefonischer Anruf = ihr Anruf / das Telefonat
wir übersenden = wir senden
Grundprinzipien = Prinzipien

- benutzen Sie Verben statt Substantive. Zu viele Substantive lassen den Brief kompliziert und geschwollen klingen

ich werde die Erledigung vornehmen = ich erledige Wir bitten um die Bekanntgabe des... = Bitte nennen Sie uns den... In Erwartung Ihrer Zustimmung ...= Sind Sie einverstanden?

- formulieren Sie positiv

Das Glas ist halbleer = das Glas ist halbvoll Der Betrieb ist vormittags geschlossen = Wir sind für Sie da von   bis Wir stellen das nicht her = Wir sind spezialisiert auf..., wenden Sie sich bitte an

- formulieren Sie im „Sie – Stil":

Wir gewähren Rabatt = Sie bekommen Rabatt Wir Danken für Ihre Bestellung = Für Ihre Bestellung vielen Dank Wir haben = Für Sie haben wir

Schlussformel

Ebenso wie eine Einleitung den Geschäftspartner auf das Kommende vorbereitet, so rundet eine Schlussformel einen Brief ab.
Nutzen Sie die Schlussformel für eine Aufforderung, regen Sie den Gegenüber zum Handeln an!

- verbinden sie nie die Schlussformel mit dem letzten Satz
- formulieren sie partnerschaftlich, nicht unterwürfig
- formulieren sie „schlicht und einfach"

Wir freuen uns auf Ihre Antwort.
Wir freuen uns weiterhin auf gute Zusammenarbeit.
Es wäre schön eine Antwort bis zum zu bekommen.
Vielen Dank
Bitte rufen Sie uns an, wenn Sie Fragen haben.
Unser Team beantwortet Ihre fragen gerne.
Bitte wenden Sie sich an Herrn / Frau X

ARBEITSBLATT Schlussformel

In der Hoffnung alle Ihre Fragen hiermit beantworte zu haben, empfehlen wir uns Ihnen und verbleiben mit freundlichen Grüßen	
Für Ihre schnelle Antwort im Voraus bestens dankend verbleiben wir mit Hochachtung	
Wir hoffen Ihnen hiermit gedient zu haben.	
.... In Erwartung Ihrer geschätzten Rückantwort ...	
In der Hoffnung auf weiterhin gute Zusammenarbeit verbleiben wir...	
Für Ihre Bemühungen bedanken wir uns im Voraus.	
In der Hoffnung und Erwartung, mit diesen Ausführungen Ihre Zustimmung zu treffen, sprechen wir abschließend noch eine Bitte aus...	
Wir bitten höflichst um Bekanntgabe Ihres frühestmöglichen Liefertermins.	

3.4. AIDA…

Ist eine hervorragende Oper von Guiseppe Verdi ☺ … und ein hervorragendes Instrument für die Gliederung von modernen Geschäftsbriefen!

Die AIDA – Formel gibt es in zwei Ausprägungen.
Einmal als „Verkaufsformel

A	Aufmerksamkeit erwecken (Attention)	Anzeige
I	Interesse wecken (Interest)	Mailing
D	Drang auslösen (Desire)	Anfrage
A	Aktion auslösen (Action)	Verkaufsgespräch

und einmal als „Werbeformel"

- A Aufmerksamkeit erwecken (Attention)
  Headline
- I Interesse wecken (Interest)
  z.B. Frage
- D Drang / Wunsch auslösen (Desire)
  z.B. damit erreichen sie
- A Aktion auslösen (Action)
  Rufen Sie uns an!

Diese Ausprägung ist für uns und unseren Geschäftsbrief interessant.
Wenn Sie diese vier Stufen bei der Gliederung des Geschäftsbriefes beachten, werden Sie wahrscheinlich viel mehr Reaktionen erhalten.
Es ist z.B. bei Angeboten oder Mailings sehr sinnvoll.

Es gibt unterschiedliche Briefarten. Im Geschäftsleben arbeitet man in der Regel mit

- Anfrage
- Angebot
- Bestellung
- Mängelrüge
- Auftragsbestätigung
- Rechnung
- Zahlungserinnerung
- 1. Mahnung
- 2. Mahnung
- 3. Mahnung

Die Inhalte unterscheiden sich zum Teil erheblich, abhängig von der Intention des Briefes.

Hier eine kurze Übersicht über die wichtigsten Elemente der jeweiligen Geschäftsbriefe.

3.5. Inhalte + Briefarten

Bestellung	Auftragsbestätigung	Mängelrüge
persönlich telefonisch per Brief per Fax online (PC)	schriftlich per Fax per Brief	schriftlich per Fax per Brief
• Art d. Ware • Beschaffenheit • Güte • Qualität • Menge • Preis • Liefertermin • Liefer- u. Zahlungsbedingungen	• Art • Beschaffenheit • Güte • Qualität • Menge • Preis • Rabatt • Skonto • Lieferbedingungen • Lieferzeit • Zahlungsbedingungen • Gültigkeit	• Empfangsbestätigung • Mangel • Forderung diesen zu beheben • Frist setzen
Hochdeutsch klare Sätze kurze Sätze freundlich sachlich	Hochdeutsch klare Sätze kurze Sätze sachlich freundlich	Hochdeutsch klare Sätze kurze Sätze sachlich freundlich

Angebot	Rechnung
schriftlich per Fax per Brief	Schriftlich per Brief
• Art • Beschaffenheit • Güte • Qualität • Menge • Preis • Rabatt • Skonto • Lieferbedingungen • Lieferzeit • Zahlungsbedingungen • Gültigkeit • Dankformel	• Nummer • Datum • Bestelldatum • Art d. Ware • Menge • Einzelpreis • Gesamtpreis • Endsumme • Umsatzsteuersatz • Umsatzsteuerbetrag • Lieferkosten • Zahlungsbedingungen • Zahlungsziel
Hochdeutsch klare Sätze kurze Sätze sachlich freundlich	Hochdeutsch klare Sätze kurze Sätze sachlich

Zahlungserinnerung	1. Mahnung
schriftlich per Fax per Brief	schriftlich per Brief
• Art d. Ware • Menge • Preis • Rechnungsnummer • Rechnungsdatum • Fälligkeit • Zahlungsaufforderung	• Rechnungsnummer • Rechnungsdatum • Art der Ware • Menge • Preis • Fälligkeit • Zahlungsaufforderung
Hochdeutsch klare Sätze kurze Sätze sachlich freundlich	Hochdeutsch klare Sätze kurze Sätze sachlich

2. Mahnung	3. Mahnung
schriftlich per Brief	schriftlich per Brief evtl. Einschreiben
• Rechnungsnummer • Rechnungsdatum • Fälligkeit • bisherige Schritte • Frist setzen • Zahlungsaufforderung	• Rechnungsnummer • Rechnungsdatum • Fälligkeit • bisherige Schritte • letzte Frist • Zahlungsaufforderung • Androhung rechtlicher Schritte
Hochdeutsch klare Sätze kurze Sätze sachlich entschieden	Hochdeutsch klare Sätze kurze Sätze sachlich entschieden schärfer

3.6. CHECKLISTE

- Benutzen Sie kurze Sätze
- … einfache Sätze
- … eine klare Sprache
- … wenig Konjunktive
- Beachten Sie möglichst die „Schreib- und Gestaltungsregeln für die Textarbeit" (DIN 5008)
- Wiederholen Sie im Einleitungssatz nicht, was bereits in der Betreffzeile steht
- Beginnen Sie möglichst mit einem Dank, Lob oder mit Verständnis
- Seien Sie höflich – nicht unterwürfig
- Vermeiden Sie Abkürzungen
- Formulieren Sie positiv
- Bevorzugen Sie den „Sie – Stil"
- Reduzieren Sie Substantive – benutzen Sie Verben
- Verbinden Sie den letzten Satz nicht mit der Grußformel
- Beenden Sie den Text mit einer Aufforderung, einer Frage oder einem Hinweis

Fazit

Man kann Geschäftsbriefe schreiben wie man sie immer schrieb – dann kann es sein, dass die Empfänger immer weniger werden.
Man kann seine Geschäftsbriefe alle stur nach der neusten Mode ändern – dann kann es sein, dass sich die Empfänger erschrecken.
Oder man ändert seine Geschäftsbriefe einfach an den Stellen ändern an denen sie einem selber nicht mehr gefallen!

3.7. *Beispiele*

Beispiel Zahlungserinnerung

Das kann passieren...

Sehr geehrte Frau Mustermann,

im Eifer des Geschäfts vergisst man schon einmal einen Zahlungstermin.
Ist es nicht gut, wenn man daran erinnert wird?

Die offene Rechnung vom ..... haben wir als Kopie beigefügt.

Bitte überweisen Sie den Betrag von ... € bis zum .... auf unser Konto .... bei der ....Bank.

Vielen Dank

(Name)

Beispiel Rechnungsbegleitbrief

Sehr geehrter Herr Sowieso,

Ihr Haus hat einen neuen wetterfesten Anstrich erhalten. Durch Ihre gelungene Farbwahl wurde es zu einem Blickpunkt.
Wir haben die Malerarbeiten gern für Sie ausgeführt und freuen uns mit Ihnen. Herzlichen Dank für Ihr Vertrauen.

Die Rechnung über die einzelnen Leistungen haben wir entsprechend unserem Angebot vom … zusammengestellt.
Sie erhalten von uns 2% Skonto, bei einer Zahlung innerhalb 7 Tagen. Das hilft Ihnen – und uns.

Wir freuen uns über Ihre Empfehlung gegenüber neuen Kunden. Dürfen wir Sie im Einzelfall darauf ansprechen?

Auch in Zukunft sind wir gerne für Sie da!

Mit freundlichem Gruß

3.8. Zum Abschluss etwas zum Schmunzeln ☺

Jahrelang hatte sich Philip Broughton, Beamter beim US – Gesundheitsdienst, durch das etymologische Dickicht geschlagen. Bis er auf eine bombensichere Methode stieß, Formulierungs-Frustration in Befriedigung zu wandeln. Das „automatische Schnellformuliersystem" stützt sich auf eine Liste von 30 ausgesuchten Schlüsselwörtern:

Spalte 1	Spalte 2	Spalte 3
0 konzentrierte	0 Führungs	0 struktur
1 integrierte	1 Organisations	1 flexibilität
2 permanente	2 Identifikations	2 ebene
3 systematisierte	3 Drittgenerations	3 tendenz
4 programmierte	4 Koalitions	4 programmierung
5 funktionelle	5 Fluktuations	5 konzeption
6 orientierte	6 Übergangs	6 phase
7 degressive	7 Wachstums	7 potenz
8 qualifizierte	8 Aktions	8 problematik
9 ambivalente	9 Interpretations	9 prozedur

Die Handhabung ist einfach. Sie denken sich eine beliebige Zahl, verbinden die entsprechenden Wörter jeder Spalte miteinander und haben die tollsten Wortkreationen. (745 = degressive Koalitionskonzeption)
„Keiner wird im Entferntesten wissen, wovon Sie reden, aber entscheidend ist, dass niemand wagen wird, es zuzugeben."[16] ☺

---

[16] Phillip Broughton, aus verschiedenen Büchern, ursprüngliche Quelle unbekannt

4. Nachwort / Bemerkungen

Sehr geehrter Leser,

in der Kürze dieses Ratgebers ist es nicht möglich auf alle individuellen Besonderheiten einzugehen.
Jeder Betrieb ist anders, jeder Unternehmer ist anders – und doch werden Sie bei der Umsetzung feststellen, dass es leichter ist als Sie glauben.
Nehmen sie die hier angebotenen Informationen als Grundlage für einen ersten Schritt.
Um alles ideal umsetzten zu können bedarf es auch guter, motivierter Mitarbeiter. Doch das ist ein komplexes Thema, das in diesem Rahmen nicht aufgegriffen werden konnte.

Ich habe den Rahmen dieses Ratgebers bewusst klein gehalten, da Betriebsinhaber selten genug Zeit für umfangreiche und detaillierte Lektüre haben – bis sie die ersten Schritte gemäß den Ideen dieses Buches gegangen sind.
Ergänzen Sie Ihr Wissen und Können im Bereich Betriebswirtschaft, Marketing und Personal durch entsprechende Kurse! Die Investition in Know-how rentiert sich meist umgehend.

Wenn Sie Fragen, Kritik oder Anregungen zu diesem Ratgeber haben, schicken Sie mir eine Email. Sie bekommen dann schnellstmöglich eine Antwort.

Ich freue mich auf Ihre Emails!

Tatjana Pandel

5. Kontakte + Adressen

Tatjana Pandel
impulsconcept – Jobcoaching in Balance
Einsteinstraße 4
40589 Düsseldorf
Email: tatjana.pandel@impulsconcept.de

Akademie des Handwerks
Schloss Raesfeld
Freiheit 25 - 27
46348 Raesfeld
www.akademie-des-handwerks.de
Email. info@akademie-des-handwerks.de

Handwerkskammer zu Düsseldorf
www.hwk-duesseldorf.de

Handwerkkammer zu Münster
www.hwk-muenster.de

Berufsausbilderverband NRW
nrw.bdba.de

6. Stichwortverzeichnis

ABC - Analyse	29, 32, 33
Ablage	59, 60
Ablagekörbchen	52
Ablagesystem	45
Abrechnungsbogen	20
Abschreibung, kalkulatorisch	14
Adresse	67
AIDA – Formel	67, 73
Aktenbeschriftung	53, 56
Aktenordner	53
Aktensuchplan	56, 57, 58
ALPEN Methode	35, 36
Anfrage	74
Angebot	74, 76
Angebotspreis	12
Angebotspreisermittlung	12
Anrede	68
Arbeitsplan	40
Archivierung	54
Auftragsbestätigung	75, 76
Außenstände	18
Bedürfnisse	10
Berufgenossenschaftsbeiträge	14
Bestellung	74, 75
Bezugszeichenzeile	67
Briefelemente	66
Bürokosten	14
Büroorganisation	44, 56
Carpe diem	2
Chaos	46
Checklisten	61
Chefprämie	14
Datum	67
Deckungsbeitragsrechnung	12
Descartes - Methode	28
Detailgenauigkeit	40
Doppelausdrücke	70
Einarbeitung	59
Einleitung	68

Eisenhower – Prinzip	34
Fakturieren	16
Fakturierung	45
Fertigungseinzelkosten	13
Fertigungsgemeinkosten	13
Forderungsausfälle	15
Form Geschäftsbrief	66
Formulare	60, 61
Gemeinkosten	14
Gewinnmaximierung	11,12
Gleichgewichtspreis	11
Hängeregister	51
Hängeregistertaschen	51
Hauptteil	69
Hilf- + Betriebsstoffe	14
Hilfsmittel	49
Inkassorecht	17
Insolvenz	15
Jahresplan	35
Kalkulation	12
Kalkulationsschema	13
Kapital	24
Kapitalbindung	45
Käufermarkt	20
Konkurs	15
Kosten	14, 24
Kostenrechnung	11, 12
Kostensenkungspotential	45
Kreatives Chaos	46
Kundenanalyse	29
Kundendienstmitarbeiter	17
Kürzel	67
Lagerkosten	14
Liquide Mittel	45
Liquidität	15, 45
Liquiditätsgewinn	17
Listen	49, 50
Lohnnebenkosten	14
Mahnung	74,77
Mahnung, 2.	78
Mahnung, 3.	78

Mahnwesen	15
Mängelrüge	74, 75
Markierung	54
Marktpreis	12
Materialeinzelkosten	13
Materialgemeinkosten	13
Materialzuschlagssatz	13
Miete, kalkulatorisch	14
Mind-Map	30
Mind-Map-Methode	30, 55
Monatsplan	35
Organisationshilfe	60
Organizer	40
Ordnungssystem	45
Ort	67
Pareto-Prinzip	29
PC	48
Planung	21
Präsentationsordner	53
Preisuntergrenze	12
Prioritäten setzen	32
Prioritätenliste	32
Produktionsverfahren	21
Produktlebenszyklen	20
Pultordner	51
Rationalprinzip	10
Rechnung	74, 76
Rechnungsbegleitbrief	81
Rechnungserstellung	15
Rechnungsstellung	16
Reisekosten	14
Repräsentationskosten	14
Rückenschilder	55
Schlussformel	70, 71
Schnellformuliersystem	82
Schreibtisch	46, 47
Schreibtischunterschrank	49
Selbstkosten	13
Sondereinzelkosten	14
Sprache	69
Stifte	50

Superbuch	50
Tagesplan	35, 38, 39, 41
Teilzahlungen	17
Titel, akademische	68
To-do-Block	50
Umheften	54
Unternehmerlohn	13
Unternehmerlohn, Kalkulatorischer	13, 14
Verkaufsformel	73
Versicherungen	14
Vertretungszeit	59
Verwaltungskosten	14
Vorauszahlungen	17
Wagnis	13, 14
Werbeformel	73
Werbekosten	14
Wiedervorlage	51
Wochenplan	38, 40
Zahlungen, verspätet	18
Zahlungserinnerung	74, 77, 79
Zahlungsmoral	15, 45
Zahlungsziel	15, 17
Zeit	20, 24, 25
Zeitbedarf	30
Zeitdieb	26, 43
Zeitfresser	26
Zeitmanagement	24, 31
Zeitplanbuch	40
Zettelblock	50
Zielformulierung	27
Zinsen, Kalkulatorische	13, 14
Zwei-Listen-Prinzip	50

7. Platz für eigene Notizen

8. Platz für eigene Ideen

Tempus fugit